陪孩子走过人生

叛逆期

破解叛逆期的心理成因 · 陪孩子度过人生叛逆期

李少聪◎编著

航空工业出版社
北京

内容提要

本书通过一个个真实的生活场景，重现孩子在叛逆期所遇到的种种问题和切实可行的应对方法，并帮助父母了解孩子叛逆作对行为背后的真相。让父母明白为何越管越叛逆，怎样才能让孩子更听话，怎么帮助孩子疏解情绪等。愿本书如一盏小小的灯火，照亮并温暖孩子叛逆期这一特殊阶段的亲子历程。

图书在版编目（CIP）数据

陪孩子走过人生叛逆期 / 李少聪编著. -- 北京：航空工业出版社, 2023.11
ISBN 978-7-5165-3463-2

Ⅰ. ①陪… Ⅱ. ①李… Ⅲ. ①幼儿教育－家庭教育 Ⅳ. ① G781

中国国家版本馆 CIP 数据核字 (2023) 第 163881 号

陪孩子走过人生叛逆期
Peihaizi Zouguo Rensheng Panniqi

航空工业出版社出版发行
（北京市朝阳区京顺路 5 号曙光大厦 C 座四层 100028）
发行部电话：010-85672688 010-85672689

三河市祥达印刷包装有限公司印刷　　全国各地新华书店经售
2023 年 11 月第 1 版　　2023 年 11 月第 1 次印刷
开本：710 × 1000 1/16　　字数：170 千字
印张：12　　定价：39.80 元

前言

自从进入叛逆期，在孩子那幼小的身躯里总能迸发出一些枝丫，而每根枝丫上都挂着一个新鲜却又令你无法招架的问题。

孩子的自我意识从 3 岁开始自我觉醒，像沉睡了很久的蚕蛹突然醒来，要拼命挣脱人生的第一层桎梏，然后迅速成长。然而，问题也随之而生，面对自我意识的突然觉醒与迅速增强，孩子不知该如何表达内心那些翻涌起来的小心思和情绪，他们只会挥舞着小手说“不要，不要”，对突然改变的环境与习惯感到烦躁不安，又想像个大人一般做想做的一切事情，会为了摆脱父母的手去尖叫或怒吼。面对这一切，父母若不知其中的深意，也许就错过了对孩子进行早期教育的最佳时机。

至今，很多父母对孩子表达爱的形式依然是捆绑式的，总觉得自己作为成年人可以通过计划和操控，让孩子少走一点弯路，却忘了孩子也是一个独立的个体，他需要一个空间去施展、探索。这个世界对他而言充满了好奇和新鲜，他想体验水的流动，想感受风的清凉，也想按照自己的意愿去做些自己想做的事情。给孩子尝试的机会，才是给孩子最好的礼物。

然而，叛逆的情绪总在怂恿着那个小家伙去做一些特立独行的事情，并对一切外来的声音充满了敏感和排斥。父母该怎样通过沟通来得到孩子的理解与认同呢？比如，想让孩子做做家务，就对他撒个娇；想让孩子变得更好，就释放出期待；想让孩子接受建议，就把问题描述通透……父母与叛逆的孩子怎样进行良性沟通，这里面是需要一些话术技巧的，就像有人说的：“愚笨的父母才总想着怎么让孩子屈服，而聪明的父母都是靠说话让孩子变得愿意配合。”

看到孩子撒泼打滚，你是怎么做的呢？请小心回答这个问题，因为你的答案会透露出孩子的很多心理问题。如果父母无法帮孩子疏解叛逆期的负面情绪，长此以往孩子的心里就会装满了委屈和愤怒。作为一个尚对人类情感不太理解的小生命体，幼儿属实不知该怎么处理突如其来的不满情绪，所以就要求父母无论在何时何地都要控制好自己的情绪，蹲下来与孩子视线相平，去理解他的难过，去看透他内心深处的不安和焦虑。

对父母来说，最难的恐怕就是对孩子说“不”，担心会触动孩子脆弱的小心脏，让孩子稚嫩的情感受到伤害。别小瞧拒绝孩子这件事，虽然只是短短一句话，却牵扯着父母与孩子之间的情感联系，也关乎着孩子的尊严和人格走向。

明智的父母懂得规矩才是与这个世界和谐相处的首要准则，想要让孩子对规矩存有敬畏心，让孩子养成遵守规则的好习惯，最重要的就是从小给孩子树立起规矩意识，让孩子自幼就明白有规矩才能成方圆的道理。

“父母”这个称呼其实充满了挑战。看近望远，方知育儿不易，方知为人父母也是需要学习和成长的。

本书透过现实中一个个真实的生活场景，为我们重现了孩子在叛逆期所遇到的种种问题，并给出了切实可行的应对方法。旨在帮助父母了解孩子叛逆作对行为背后的真相，让父母明白为何越管越叛逆，怎么才能让孩子更听话，怎么帮孩子疏解情绪等。愿本书如一盏小小的灯火，照亮并温暖孩子叛逆期这一特殊阶段的亲子历程。

目录

第三章　如何让叛逆的孩子乐于配合　049

第四章　帮孩子疏解叛逆期的负面情绪　071

第五章　如何对叛逆的孩子说“不”　093

第一章

叛逆期的孩子，为什么总跟你对着干

迎接孩子的第一个叛逆期

3岁正是孩子与过去说再见的时候，因为他们会快速迈入另一个时期：自我意识的萌芽期。这就意味着孩子在这段时间会褪去小孩子的无忧无虑，开始动脑筋去思考，去探索，去想象，去主动做一些事情了。

场景回放

刚刚3岁的嘟嘟跑到穿衣镜前，拿起玩具车就砸。妈妈一把将他拽开，说：

要是把镜子砸碎，碎片会把你的手割破的。

但过一会，嘟嘟又跑过去敲打镜子……提醒很多次都没用，妈妈只得把穿衣镜收了起来。

场景解析：

细心的父母会发现，3岁就像孩子的一个分水岭，他变得越来越有主意，比如过去不爱动，现在什么都想碰一碰摸一摸；父母越叫，孩子跑得越快，还朝父母做鬼脸；自己喜欢的玩具和食物会藏起来……其实这些行为背后正是自我意识的显露，心理学上将这个时期称为孩子人生的第一个“叛逆期”。

叛逆期的出现是在告诉父母们，孩子的自我价值正在凸显，他要快速成长，需要认识自己的生理特征和建立一些心理活动，也会尝试去辨别自己与他人之间的关系等等。而孩子一系列反常行为，都是在告诉父母："我要为自己做主了。"

孩子在自我意识萌芽初期，最大的一个特点就是"做决定"。在孩子的意识里，凡是得到自己认可的事或物，皆属于自己。所以，当妈妈吃了一块盘子里的水果时，孩子突然大哭，甚至打翻盘子，发泄自己的不满情绪。多数父母觉得孩子是在无理取闹，于是出口训斥孩子；有耐心的父母就给孩了讲道理，告诉孩子要学会分享，但结果往往并不理想。

为什么会这样呢？因为训斥或讲道理，都是一种负面暗示，暗示孩子的做法是不对的，暗示父母并不认可他。3岁左右的孩子既能看懂父母的态度，也能听懂父母的话，有了细微的思考能力和判断力，但这些能力的觉醒和成长从一开始都是围着"我"这个中心旋转的。凡是违背"我"的行为，孩子都很排斥，甚至和你对着干。所以，父母越不让孩子扔玩具，孩子就会扔得越卖力。

孩子进入自我意识萌芽期，就像是给自己打开了一扇通往新世界的大门，各种能力和潜能都在这扇门的背后等待觉醒。作为父母，当然比任何人都希望自己的孩子能够健康成长，各方面能力突出，拥有健全的人格。但首先，父母要接受，孩子一旦进入自我意识萌芽期，他就已经是个有独立思想，有独立意识的个体。这时候，无论父母是严厉制止孩子的行为，还是引导孩子更好地挖掘自我意识，这都将会影响孩子未来的人格走向。

给父母的建议：

孩子从一岁半时开始彰显自我意识，并在3岁左右进入高峰期。这时，孩子会变得非常敏感。父母的态度、父母的行为、父母的言语等等，都会让孩子对自身以及对事物的看法和认知形成新的思维。所以首先，父母必须控制好自己的言行举止，给孩子足够的尊重。

❶ 充分尊重孩子的个人权益。

比如，孩子在玩积木，当父母想陪孩子一起玩时，要先征得孩子同意，不擅自介入。但凡与孩子有关的事，都先与孩子沟通，并征询孩子的意见。久而久之，孩子的认知中便多了一条规则：要尊重别人的权益，自己的东西自己可以做主，但别人的东西不能由自己做主。

❷ 言简意赅地批评

当孩子做错事情时，言简意赅地批评，明确指出哪里做得不对，不要长篇累牍地批评、唠叨，说得越多孩子越产生厌烦心理。

❸ 直接告诉孩子该怎么做

与其啰哩啰嗦对孩子说什么不能做，为什么不能做，不如直接告诉孩子要怎么做。比如，孩子把汤勺掉在地上，父母说："看看你把勺子掉地上，弄脏了吧，还怎么喝汤？"不如直接说："快捡起来，去厨房换一把干净的。"

孩子说“不要不要”，父母该怎样回应

任何一个独立的生命体内部，都有一条逐渐清晰的防线，禁止由外至内地翻越。即便是3岁孩子，也会用“不”将干扰推到防线之外。

场景回放

邻居带着孩子来家里玩，妈妈对正在玩玩具的轩轩说：

妈妈：轩轩，你跟豆豆一起玩会儿。

轩轩：不要，我要自己玩。

妈妈：轩轩，不可以这样不礼貌，要不然豆豆以后就不陪你玩了。

轩轩沉默了一会儿，不情不愿拿出部分玩具对豆豆说：

轩轩：你玩这个吧！

妈妈：这就对了，你们继续玩吧！

场景解析：

每当孩子说：“不要不要”的时候，有些父母就会大费周章，用各种各样的理由劝说孩子“要”。而孩子同意“要”后，父母不禁长舒一口气，觉得孩子还是很懂事的。殊不知，强行改变孩子“不要”的意愿，其实会破坏孩子的心理成长，毁掉孩子正在建立的心理疆界，形成心理障碍。

心理疆界，简单来说，就是物理空间和心理空间对外界划定出的界限。随着孩子自我意识增强，孩子的心理空间会像领土一般建立起一道疆界线，也可以说是防线，将自己与他人区分开，形成一块独属于自己的个性空间。心理疆界的建立会给孩子在不同的物质空间里传递不同的信息。

比如，在幼儿园里，什么是我的，什么不是我的，我能够做什么，不能做什么……针对此类问题，有些孩子区分得一清二楚，也非常自律，这说明孩子的心理疆界受到了很好的保护。可有些孩子争抢玩具，对着什么都说是我的，课上肆意妄为，看上去是不懂规矩，其实是心理疆界尚未健全，或者已经遭受到了破坏。

当孩子不要吃青菜，父母强行或使用不正确的方式迫使孩子吃下青菜时。时。这种看似微小的事情，却让孩子的心理疆界被恐惧、妥协、强势划出了一道口子，孩子为了保护自己而划分的底线和原则也因此遭到了破坏。

面对稚嫩可爱的孩子，谁都想忍不住抱一抱，亲一亲，若父母允许关系不错的朋友或同事去亲自己的孩子，并忽略孩子推拒的小手和抗拒的言语。渐渐地，孩子会认为与他人进行肢体碰触是被允许的行为，不值得反抗，一旦孩子形成这种认知，就会大大削弱孩子自我保护的心理防线，是非常危险的。

只有心理疆界健全的孩子，才懂得如何拒绝别人，也不会轻易越界，明白自己的行为和态度会造成怎样的结果，不会去干涉别人，同时也不允许别人对自己进行干涉。所以，作为父母，要重视孩子的心理疆界，尤其当孩子说“不要不要”或表现出抗拒时。

我们常说，一定要让孩子养成正确的三观，其实，三观健全的人格背后，就是对心理疆界的明确化。心理疆界既是一道防线也是一道警戒线，它在防止自己受到伤害的同时，警诫自己做人做事当有原则。

给父母的建议：

父母一定要保护孩子的心理疆界，因为保护孩子的心理疆界就等于在帮助孩子养成良好的规则意识。

① 允许孩子不分享

当孩子拒绝把手里的零食分给其他人时，父母要认可孩子的做法，因为孩子在维护自己的东西不受侵犯。但父母也要告诉孩子，每个人对自己的东西都有绝对的支配权。珍贵的、少的东西，可以拒绝分享。

② 不随便碰触孩子的东西

平日里，父母要学会跟孩子保持一定界限，孩子的东西不经允许不要碰触。比如，当孩子的房间特别凌乱，玩具扔得到处都是，忍不住想帮孩子收拾前，要先征得孩子的同意。这样做，既是对孩子的尊重，也是在帮孩子强化他的个人权益。

如何帮孩子顺利度过秩序敏感期

当孩子突然有一天开始追求事物的统一性，甚至变得偏执、固执，或不可理喻的执拗时，这就表示孩子的脚迈入了新的领域，一个名为秩序敏感期的成长之域。

场景回放

吃饭的时候，圆圆发现自己的筷子是一根是蓝色的，另一根是粉色的，便对妈妈说：

妈妈，我要一样的筷子，要粉色的！

要什么粉色的，不都一样吗？

谁知圆圆竟直接搬着凳子去筷子篓里找粉颜色的筷子。

你这孩子怎么这么固执呢？

场景解析：

孩子做什么都要按照自己设定好的顺序和方式去做，任凭父母怎么劝说就是不听，对认定的事就贯彻到底。面对孩子这样固执的想法和行为，父母们常感到焦虑，有的父母就会给孩子贴上“死脑筋”“执拗”“固执”的标签。但事实上叛逆期的孩子普遍会出现这种现象，因为他们正在维护自己已建立起来的秩序感，这是成长的一部分。

所谓秩序，就是有条理。对成年人而言，做事虽有条理，但也会灵活变通。而大部分父母习惯以成年人的视角看待孩子，希望孩子既有条理，也懂变通。可是，孩子的成长是需要循序渐进的，孩子会先建立秩序感，并随之进入秩序敏感期。比如，吃饭时一定要坐着自己的专属座椅，换了就哭闹；爸爸坐在妈妈常坐的位置上，孩子会驱赶、抗议；家长不小心碰倒了一块积木，摆回去后孩子并不认可……这些看似不懂事又固执的表现，是因为外界干扰敏锐地刺激到了孩子的秩序感。换句话说，孩子为了维护心中的条理，保护已经建立好的规则，才会一反乖巧模样，与父母进行情绪对抗。

进入秩序敏感期的孩子，除了用已建立的秩序约束自己，还会要求身边人遵守自己建立起来的规则。比如，孩子放下手里的电子产品时，看到父母在玩手机，心里会不舒服，然后要求父母关掉手机，如果父母不关，就开始围着父母做各种干扰行为。大部分父母只以为孩子调皮、不懂事，教育一顿便不了了之。可实际上，这样做治标不治本。

要知道，秩序是万事万物的生存法则。儿童心理学家认为，孩子正是通过一个有秩序的环境去认识事物，适应环境的。秩序感会让孩子慢慢地学会主动思考，进行逻辑的推演和预判，令孩子关注一些细节的东西。有些孩子，越长大思维逻辑越强，无论做什么都很有章法，这说明孩子在幼儿时期便建立起了很好的秩序感。

给父母的建议：

父母不要强制改变孩子的想法和行为。相反，还要耐着性子包容孩子那些小固执。因为孩子正是透过这些秩序获得成长，孩子的认知力、归纳、分类等一系列秩序感的建立都要在这个时期完成启蒙和奠基。

❶ 不轻易改变孩子的生活环境

在孩子秩序敏感期内，父母不要轻易改变孩子的生活环境。比如，室内物品的摆放不要经常性挪动；孩子摆放好的玩具或其他物品，父母不可以随意收拾或打乱；孩子常用的东西，或习惯用的东西，父母不能未经孩子允许就改变。保持生活环境的完整度，孩子才有安全感。

❷ 抓住时机帮孩子建立规律的作息

在这个时期内，若能养成早睡早起、起早锻炼身体的好习惯，就能帮助孩子形成良好的作息规律，让孩子长远受益。

❸ 刻意在固定的时间内做一件事

当父母在固定的时间内经常做一件事时，孩子会想当然认为在这个时间段内就该做这样的事情。比如，晚饭过后，父母坐在沙发上静静看一小时书。等到将来孩子上学的时候，父母会惊讶地发现，晚饭后的孩子会十分自律地去学习，或者也拿本书看。

孩子事事都要自己做，怎么办

“爸爸妈妈，能不能别总是把我当个小孩子看待呀？”全世界的孩子，都有这样的愿景。只是，全世界的父母大多缺少这样的“意愿”。

场景回放

5 岁的丹丹举手要把颜料倒进沙子里，妈妈见状赶紧把颜料拿了过去。

不是这么弄的，你看着妈妈……

不等妈妈说完，丹丹就一把将颜料抢了回去，生气地说：

我会弄，妈妈走开。

说完，还用身子挤了下妈妈，妈妈非常生气：

你急什么？妈妈不教你，你会弄吗？

会！

场景解析：

有不少父母苦恼："家里的小孩还不到6岁，可什么事都想自己做，有时候真的很令人头疼，因为有些事根本不是这个年纪的小孩能做好的，比如洗头发、冲奶粉、扎辫子等等。"

"孩子还小，所以不会，也一定做不好。"几乎多半的父母都是这样认为的。所以，有的父母会直接阻止孩子的尝试，用手机、糖果或零食转移孩子注意力；有的父母则全权代劳，替孩子做好一切。可是，很少有父母思考一个问题：孩子为什么总喜欢去做一些根本做不到的事情呢？

因为孩子想向父母证明一件事：我已经长大了，不再是那个处处都需要帮助的"笨小孩"。在孩子眼里，父母是大人，可以支配很多事，可以做任何想做的事，而孩子无论是出于好奇，还是出于向往，随着自我意识的不断增强，致使他们也很想证明这一点。只是，有太多父母并不了解孩子的这种渴望，总是与孩子发生一些不必要的对抗。

更重要的是，阻止孩子做事情，就等于在阻止孩子形成独立自主的意识。

高高的桌子上有个苹果，一个4岁的孩子想要吃到苹果，有两种方式可以做到：

一种是：大人看到孩子想吃，然后走过去把苹果递到孩子手中，这实在太简单了。

另一种是：孩子搬来一个小凳子，然后艰难地蹬上去，等到稳固好平衡后，伸手够到苹果；或者孩子拿来一根棍子，不停地拨拉苹果，把苹果拨拉到地上，然后去捡起苹果。

不管怎样，这两种方式都可以让孩子获得苹果。而不同的是，这两种方法传达给孩子的心理映射却是大相径庭的。第一种方式，会让孩子觉得："哇！父母好棒哦。"另外一种方式，却会让孩子感知到："原来我这么厉害，好棒哦！"

显然，让孩子自己动手取得成果后，能大大提高孩子的自我能动性、自信心和自主意识。换句话说，孩子知道了靠自己的努力就能把事情做好。孩子的潜意识中也会因此积蓄一种能量，一种称为“我能行”的能量。

若父母一味阻止孩子，反倒会让孩子觉得“我不行”，父母“不信任我”，看来“我只能依赖父母”。渐渐地，孩子开始朝社会“巨婴”发展。这世上没有任何父母希望自己可爱的小孩在成年后依然是个小孩。而好的父母，是会让孩子去证实自己的成长的。

给父母的建议：

孩子正是从那些琐碎的小事中体验、累积经验，然后获得成长的养料。父母要慢慢学会放手，让孩子在父母的从容里慢慢成长。

① 给孩子尝试的机会

如果孩子想自己冲奶粉，父母可以尝试让孩子碰一碰热水杯子，让孩子感受一下被烫的感觉（前提水温不能过烫，保证安全），然后再让孩子碰一下温水，并告诉孩子冲奶粉用的是温水。可以准备防摔材料的瓶子，让孩子体验一次冲奶粉的快乐。

② 允许孩子做错或者做得不够好

孩子自己的一些小事，就交给孩子自己去完成，虽然孩子的手脚协调能力差些，但当他费尽力气将鞋子穿好（甚至可能穿反了），莫大的喜悦和成就感会让他变得自信和勇敢；当孩子把自己的玩具洗刷干净，也许并没有成年人做得好，但是他依然觉得自己很棒。那时，他懂得了什么叫独立，什么叫自己的事情自己做，这是件令他很快乐的事情。

为什么不管你怎么说，孩子都不听

心理学家李雪曾表示：“父母控制欲的手伸向哪里，孩子一生都将在那里体会到痛苦；一个身体只能承受一个灵魂，如果父母的控制密不透风，孩子实际上已经精神死亡。”

场景回放

雨后，妈妈带着朵朵去公园里散步，眼看前方路面有一个小水坑，朵朵挣脱妈妈的手就要去踩。妈妈赶忙拽住她说：

踩水的话，鞋子会湿的。

很好玩的妈妈。

朵朵不听，一脚踩进水里。任凭妈妈怎么劝说，就是不肯出来。

朵朵，我们去前面看鸭子吧，踩水不好玩。

不去，我就要踩水。

场景解析：

叛逆期的幼儿，别看个子小小的，样子萌萌的，叛逆的小性子却是充满爆发力的，其中最令父母头疼的就是怎么说都不听。父母轻声细语也好，苦口婆心也罢，道理讲了一堆又一堆，全被孩子当作了耳旁风。对此，有父母认为，孩子不听话说明自己管教的力度不够，如果加大力度，孩子一定会乖乖听话。结果，有的父母就把严厉管教当作养育孩子的固定方式。

然而，事实证明，父母管得越多，孩子表现出的抗拒情绪就越大，这是为什么呢？

孩子不愿意听父母的安排，是因为3~6岁的小孩自我意识感非常强烈，他们只想做自己愿意做的事情，一旦兴趣上来，就会全身心投入到那个想法中去，对于反对的声音，是非常排斥和反感的。很多父母因为不了解这点，常采用强制性的方法去阻止孩子，可这也恰恰加重了孩子的逆反心理，使他们越发讨厌父母的控制。

当父母明令禁止孩子赤脚踩完地板又去踩沙发或床时，孩子却当着父母的面，一脸嬉笑地踩完地板踩沙发，甚至用挑逗的神情不断尝试，父母以为孩子是在挑战自己的底线，其实孩子只是想告诉父母："别管我。"

可有些父母偏偏就喜欢插手孩子的事情，并美其名曰："为了孩子好"，实际上只是父母的控制欲在作祟。初为人父母时，第一念想往往是："我一定把全天下最好的都给孩子。"从一开始，父母就对自己进行了暗示，要让孩子按照父母的意愿生活。于是，家长以爱的名义处处制约孩子，却忘了孩子一旦有了自我意识，生命的独立性就会逐渐彰显出来，他们开始以自己想要、自己愿意、自己喜欢为目标而付诸行动。同时，也会反抗遇到的阻碍。

所以，很多时候孩子不听话，不是因为孩子性格有缺陷，更不是因为孩子天生淘气，他们只是不想受父母控制。没有哪个孩子天生愿意去跟父母作对，比起作对，孩子更愿意得到父母的爱护，可是父母的控制欲就像一个牢笼，困得孩子从身体到心理上都充满了负面情绪的燃点。俗话说："解铃还须系铃人"，想让孩子变乖，父母就要适当地放松对孩子的控制。

给父母的建议：

鲁迅先生曾说："父母对于子女，应该健全的产生，尽力地教育，完全的解放。长者须是指导者、协商者，却不该是命令者。"

❶ 把否定变肯定

有些事无伤大雅，比如在家里赤脚、踩水坑、满地爬等，当孩子执意要做，不妨对孩子说可以。

❷ 让孩子做选择

在6岁之前，给孩子两个选项，引导孩子选其一。比如，与其命令孩子帮忙做做家务，不如问孩子是愿意帮忙把碗送厨房还是擦桌子。

❸ 制定规则并遵守

如果你不愿意每次都和孩子因为吃糖果而大战，那就制定规则。在孩子情绪比较好的时候，一起制定规则，比如一天只能吃一颗。有了规则，请温柔而坚定地坚持。切勿因为自己的情绪，或者孩子的哭闹，而随意改变规则。

孩子拒绝分享，如何正确引导

爱吃糖的人，不会轻易将手中的糖分享出去，这是对自我的一种保护。当孩子成长到一定阶段时，会自然生成一种对所属物的保护意识：物权意识。

场景回放

一日，亲戚带着孩子来找磊磊玩，妈妈从箱子里拿出几个玩具。磊磊看到后，立刻就把玩具又放回了箱子里，生气地说：

不想让他玩我的玩具。

和小朋友一起玩好不好？

不好嘛！

真小气，你就不能大度些吗？

不能！

亲戚的孩子委屈大哭。妈妈气急之下训斥了磊磊两句，结果两个孩子哭成一团。

场景解析：

成年人对“不分享”多是小气、抠门、自私等一些负面评价。因此，有的父母会因为孩子不去分享自己的食物、玩具或物品而感到尴尬或羞愧，并由此做出当场批评孩子、强制孩子去分享的行为。可实际上孩子拒绝分享并不是因为小气或自私，而是物权意识觉醒后对物的归属权的一种保护。

孩子在 3 岁左右时，就有了物权意识，在这个年龄段，孩子的自我意识慢慢发展，而“我”的意识会越来越清晰化，并逐渐将自己与他人区分开，随后又会将这种区分意识上升到物品上，会过分强调什么是我的，什么不是我的，并施以“保护”。也可以这样说，孩子有了物权意识标志着孩子又获得了一次成长。只是，这样的成长是单纯的，并不能使孩子立刻形成健全的人格，更无法让孩子明白“分享”的概念。

有些家长说：“孩子既然不懂得分享，那父母让孩子去分享，这也没错呀！可孩子就是不听，甚至跟父母闹意见。”

孩子拒绝分享，但是父母却硬让孩子分享，这就等于强制让孩子违背物权主义。强硬让孩子做不喜欢的事，本身就有很大的难度。可若孩子妥协了，造成的影响也是巨大的。心理学家让・皮亚杰说：“被迫的无私分享，对于孩子而言，通常是以牺牲自我需求而终结的。很容易让孩子潜意识里认为自己的心理需求不重要，导致孩子自我价值感低。甚至形成讨好型人格，认为只有顺从和讨好，才会让别人喜欢自己。”

有很多成年人回忆起幼时，父母不经过自己同意，就将自己喜欢的东西随手给别人。那时哭闹过，也动手抢回来过。可等自己长大后，才发现自己内心缺失的东西很多，会没有安全感，会经常担心自己重视的东西被剥夺，性格也有些优柔寡断。这大概就是心理学博士劳拉・马卡姆说的：“强迫孩子去分享，不仅不能真正教会孩子分享的真谛，还会给他们造成心理创伤。”

所以，不要再强迫孩子去分享。当然，也不能无视孩子的物权意识，这需要父母正确地引导，而不是一味说教或训斥。

给父母的建议：

有些孩子会在年龄长大一点时，随着与小伙伴们的相处，慢慢学会分享，但这只是极少数的。要让孩子懂得主动分享，需要父母的耐心和正确的引导。

❶ 言传身教

当父母拿出一块蛋糕，掰下一块递给孩子时，说："这是妈妈很爱吃的蛋糕，妈妈很乐意分享一块给你品尝。"只有让孩子身临其境体会于现实，实践于现实，实感分享的快乐，他们才能印象深刻。父母永远是孩子最好的老师，倘若发现自己的孩子不懂分享，父母就可以经常性的当着孩子的面互相分享一些能看得见摸得着的实物，偶尔也可以让孩子参与其中，相互分享一些趣闻或故事。需要注意的是，分享时，父母一定要额外突出"分享"二字，潜移默化地让孩子学会分享。

❷ 不强迫孩子分享

父母要充分尊重孩子的意愿和感受，当孩子不愿意将东西分享给别人时，父母不要强迫孩子分享，只需告诉孩子："东西是你的，你自然有权力决定要不要分享给别人。"尊重孩子的意愿，就等于在告诉孩子，分享的前提是不让自己为难，否则会不快乐，但同时也在给孩子建立分享的概念。相信终有一天，孩子会主动去分享。

孩子爱顶嘴，先别急着镇压

婴儿时期的孩子总是对父母的话听之任之，那时，他们只懂依赖。后来，幼儿时期的孩子萌生出了自我，像远去的风筝，开始极力想要扯断与父母之间那根叫依赖的线。

场景回放

饭桌上，妈妈夹了一片木耳给途途，途途当即又夹了出去。

你吃点木耳，对身体好。

说完就又给他夹了一片。途途又夹了出去。小嘴立马嘟了起来。

你爱吃你吃呀，我不吃。

就知道顶嘴！让你吃你就吃，哪儿那么多废话。

我就是不爱吃！

场景解析：

孩子顶嘴，大部分父母会立刻批评教育孩子，然后纠正孩子的行为，并明令禁止不可以顶嘴，尤其对父母长辈要恭敬。在成年人的社交常识里，爱顶嘴的人是缺乏素养的，然后会认为他品行不端，不值得被尊敬。正是在这种认知的框架下，父母才会反感孩子顶嘴。其中还有一部分原因是，孩子的顶嘴行为冒犯了父母的权威和尊严，导致父母情绪失控，从而对孩子说出一些过激的话。

孩子爱顶嘴，的确不是一个好行为。但是，如果父母只是单纯地纠结这种行为本身，对孩子进行各种教育，其实是治标不治本的。看结果就能发现，批评了这次，下次孩子依然会顶嘴。为什么会这样呢？因为大部分父母只看到孩子在顶嘴，却看不到孩子为什么顶嘴。

叛逆期的孩子，会因为自我意识突飞猛进而出现顶嘴的行为，这是符合叛逆期的心理特征的，且这个行为是孩子成长的必经阶段，并不属于父母口中所说的没教养、坏习惯。相反，孩子爱顶嘴，恰恰说明孩子开始思考了，开始表达自己并捍卫自己说话的权利，想要摆脱对父母的依赖了。

心理学家认为，能去跟父母进行正面辩解的孩子，通常比较自信，也善于表达自己的想法，长大之后会更独立，也更有主见。而且，争辩也能刺激孩子的智力发展。因为在争辩的过程中，孩子的大脑会飞速运转。比如，观察周围的环境与自己的处境；分析并罗列语言的表达形式；组织词汇量，把握自己的情绪等等，孩子会试图用最有条理的形式向父母传达自己的观点。通过与父母争辩，孩子的语言表达能力会一次一次被完善化，逻辑性也越来越强，这对孩子的思维能力开发是非常有利的。

能与父母顶嘴，说明孩子并不畏惧权威，同时也不会偏听偏信。当然，孩子还小，并不能理解这些理论，但勇于表达自我的种子已经萌芽，将来就能开出独立自主、敢于突破的花朵来。

所以，对于爱顶嘴，敢顶嘴的孩子，父母应该偷着乐。相反，那些从不顶嘴，对父母言听计从的孩子，才是最应该让父母担心的。

给父母的建议：

孩子顶嘴，不代表可以无视长幼尊卑，不代表可以肆无忌惮地吼叫。如何让孩子从顶嘴转变成与父母心平气和地沟通，是需要父母耐心引导的。

① 冷静协商

如果双方意见不一致，父母可以和孩子协商，比如“你为什么不愿意……？”“你能告诉我你是怎么想的吗？”“我们商量商量吧。”父母能做到心平气和，孩子自然也会学会理智沟通，而不是肆意顶嘴。

② 肯定孩子合理的意见

当孩子能够冷静地与父母好好协商，说明孩子已经接受了用理智的情绪对待他认为不公平的事情。这时，如果孩子说得有道理，就大方认可、肯定孩子。这会让孩子获得极大的成就感，进而提高孩子的主意识和自信度。

③ 让孩子承担后果

如果孩子无理取闹，比如，到睡觉时间了还是要玩，那就让孩子先玩个够。与其一直担忧孩子上学迟到苦口婆心劝说，不如就让孩子去迟到。然后父母与老师之间做好配合，让孩子体验一次不肯按时睡觉引发的后果。孩子对老师都有敬畏心，面对老师的批评，更容易引发孩子思考，然后纠正自己的行为。

为什么越溺爱，孩子越叛逆

“你尽管快乐，身后有父母撑着。”这大概是家庭教育中最毒的鸡汤，正如雨果所说：“应该强调，不严肃认真的教育，有许多隐患。父母使自己的子女享福太早，是不聪明的。”

场景回放

买鞋子时，芊芊红着眼对妈妈说：

妈妈我喜欢这个鞋子，但我不会系鞋带。

没关系，妈妈帮你系。

后来，芊芊又在商场看上一款上千元的摇控飞机，妈妈不给买，芊芊坐在地上大哭起来。

不给我买，我就离家出走，反正你们也不爱我了。

好好，妈妈这就给你买！

场景解析：

“惯子如杀子”。这句话如今盛行于网络。透过一些短视频可以看到，很多孩子在父母的溺爱中成长，却造成了种种悲剧。因为父母不能继续满足自己的需求，一些孩子选择跳楼、自杀、离家出走等自残形式威胁父母，甚至将父母的生活、行为拍成视频发到网上去，想以此让父母受到所谓的“审判”。多可怕的亲子关系，然而讽刺的是，造成这些后果的从来不是孩子本身，而是那些从小就将孩子疼到骨子里的父母。

不要小瞧三四岁的小孩子，他们同样会因为父母的溺爱，膨胀欲望，缩减自身能力，撑大自己的胃口，并且享受得安然自得，习以为常。因为，被溺爱包裹的孩子，不论年龄大小，他们的认知里只有一条：父母会无条件满足自己，如果不能满足，那就是自己索要的程度不够强烈。

父母的溺爱正在亲手毁掉孩子，让叛逆的根在孩子心底越扎越深。当孩子总能在父母身上不劳而获，哪怕用哭闹、撒泼的形式最终达到了目的，父母在孩子心中就变成了一台无条件的自动提款机，这台提款机因为没有下限，没有边界，所以孩子想要什么就必须得到什么，在这种状态下形成的任性、骄横、蛮不讲理等不良品格，也成为孩子所认为的正常行为。

在漆黑的夜里，人因为看不到悬崖的边，才会一步一步无所顾忌向前迈进，等踩到边缘时，想把脚缩回去，却已为时过晚。所以，不要总说孩子爱用哭闹、撒泼的形式威胁父母妥协。是因为孩子每次都能获得成功，一步一步试探父母的边界。结果发现，父母的边界尚远，才会无所顾忌，得寸进尺。最终成为一个自私自利、贪婪、懒惰，和过度依赖父母的巨婴。这世上，最无用的，最愚蠢的爱，就是溺爱。

有些父母会担心：“不是提倡富养孩子吗？孩子越满足，将来就越能抵制住诱惑。”孩子能抵制住诱惑，是因为拥有强大的向心力，懂得分析对错，明白是非黑白。而这些正是因为父母不溺爱，不娇纵，才让孩子拥有了抵制诱惑的内在力量。

给父母的建议：

爱得适量，才能让孩子清楚父母的边界在何处，才不会令孩子养成忘乎所以，想怎么做就怎么做的习惯，更不会为了获得什么，而与父母展开无理取闹式的对抗。而何为适度的爱呢？。

❶ 没规矩时，管教“狠”一点

大学教授储殷曾说：“在让孩子快乐之前，父母要学会狠，才能成就孩子的未来。”所以，当孩子没规矩时，父母该狠当狠。

一位妈妈发现孩子偷拿了邻居家的酸奶，于是要带孩子去派出所“自首”，期间不管孩子怎么反抗，妈妈还是将孩子带去了派出所，并由警察叔叔出面教育了孩子。只有让孩子知道父母的底线，清楚父母面对不守规矩的孩子会有什么样的态度，孩子才不会肆意妄为。

❷ 想放弃时，督促“狠”一点

“妈妈，我不想学画画了，我在家里陪着你就好了。”面对孩子梨花带雨的委屈模样，如果父母妥协，孩子就摸准了父母的软肋。所以，当孩子想放弃时，无论孩子怎么哭闹，父母都不能轻易妥协，要知道天赋和机遇再好，也需要努力打底。而父母督促的“狠”一点，孩子就不会轻易放弃，甚至将坚持养成习惯。

❸ 过于依赖时，放手“狠”一点

北大才女赵婕曾说：“我最敬佩一种父母是，在孩子年幼时，给予亲密的照顾；在孩子长大后，懂得适时放手。”

不要孩子一招手，父母就马上到位，有些无足轻重的小事就让孩子自己去尝试解决。父母放手，孩子才能尽早独立，并养成独立性。

④ 输不起时，培养规则意识

因为孩子“输不起”，或者为了哄孩子高兴，很多父母会在下棋等分胜负的游戏中故意让着孩子。结果孩子赢习惯了，在和小伙伴玩时，就无法忍受输。

所以，在和孩子的互动中，要尽可能地培养孩子的规则意识，不能因为他想赢就破坏规则。当然，在孩子因为“输”而沮丧、不甘的时候，父母要及时安慰孩子的消极情绪、肯定孩子的进步，鼓励孩子继续努力，不要打击到孩子尝试和努力的积极性。

⑤ 做错事时，舍得批评

溺爱孩子的父母，舍不得批评孩子一句，生怕孩子闹情绪。事实上，从小就能适应批评的孩子，对来自他人的批评乃至非议也平和看待，有较强的抗挫折能力。

孩子做得好，该夸时夸；孩子做错了，该批评时批评，这才是完整的教育。当然，批评孩子要选对时机，避免在早晨、吃饭时、睡觉前批评。同时，批评要有针对性，就事论事，避免因为这次过失，扯出之前的陈年旧账一起算。内心再生气，表面上也尽量心平气和，不要表现得太有攻击性，否则会让孩子恐惧不安。

第二章

越管越叛逆，给孩子适度自由

为何管得越多，孩子越叛逆

如果每天给花浇 10 次水，花很快会腐根落叶。同理，每天 24 小时盯着孩子，孩子同样会感到窒息并因此用力反击。

场景回放

从早晨睁开眼的那一刻起，妈妈就不停地在嘱咐轩轩。

在幼儿园里不要和小朋友打架；遇到问题要找老师；不要拿尖锐的东西对着小朋友……

唠叨一大堆后，妈妈叫轩轩吃饭。轩轩躺在沙发上用抱枕捂着头，一动不动。

场景解析：

“我最受不了我的爸爸妈妈！”这句话是暗藏在无数孩子心底的声音，为什么呢？因为很多孩子感觉在父母身边是不自由的。虽然管教的本意是爱护和引导，但是那些层出不穷的管教就像无数只小手，在抻着拽着孩子。因为管教本身还有另外一层含义：支配、命令、催促和约束。叛逆期的孩子最在乎的就是捍卫自身权利，所以父母管的越多，孩子越反感越叛逆。

在当下的家庭里，大部分孩子都是独生子女，他们是整个家庭的核心，是被保护的重点对象。有的父母为了养育好孩子，从孩子出生前就在做各种计划，一直到孩子进入第一个叛逆期，依然在计划。如，要让孩子接触哪方面的兴趣；早中晚三顿饭怎么吃更营养；每天必须背诵一首古诗；无论多晚，睡前都要让孩子听一个故事……都说“父母之爱子，则为之计深远”，为了让孩子拥有一个璀璨的未来，有些父母恨不能成为一个雕刻师，要孩子一动不动地任凭他们雕琢才好。

孩子毕竟是一个有思想的、鲜活的独立个体。3~6 岁这个年龄段，也正是孩子拥有极强的探索欲、丰富的想象力和猎奇心的时候。若父母常站在自己的视角去限制或约束孩子，一不小心就会扼杀了孩子的某些天性，而那些天性都是不可恢复的。

家庭教育导师林高龙曾说，孩子在成长中会生成一种潜在的心理平衡机制。当孩子还是个幼儿的时候，虽然没有能力反抗父母的管制，但是也会试探性地做出一些不被父母认可的行为，意图将内心的压力感反作用在父母身上，以此达到心理机制的平衡。如果，孩子心中的压抑感没有被释放出去，而是一直伴随成长并继续累积，那么这种内在冲突早晚会以另外一种形式爆发。尤其在进入下个阶段的叛逆期后，很难估量孩子会以怎样的形式爆发来平衡内心。

总之，孩子要管，但不能什么都管。聪明的父母懂得权衡其中的利弊，知道哪些能管又必须管，哪些没必要管。管教孩子，讲究的是张弛有度，而非密不透风的约束。

给父母的建议：

尹建莉说：“父母的第一个任务是和孩子亲密，呵护孩子成长；第二个任务是和孩子分离，促进孩子独立。若把顺序做反了，就是在做一件反自然的事，既让孩子童年贫瘠，又让孩子的成年生活窒息。生命中最深厚的缘分，只在这渐行渐远中才趋于真实。”

父母要学会将孩子放在一个大环境中，然后再去慢慢观察孩子。届时会发现，其实孩子在处理一些小问题时游刃有余，根本不需要父母出谋划策。如果孩子遇到了超过自身理解范围的问题，自然会主动询问父母，这时才是父母展现风采的最佳时机。

❶ 空间上给孩子自由

孩子一个人玩得很开心的时候，父母不要去打扰，只需要在一旁静静陪着他就好。只要孩子没要求父母参与，就给足他自娱自乐的空间。切记不要随便给孩子提意见，哪怕看到孩子笨拙的样子，也要装作视而不见。静默式互动会让孩子更有安全感，也会延长孩子的注意力时长。

❷ 心理上给孩子自由

当孩子不想说话时，父母不要急着对孩子问东问西；当孩子因为高兴而放声大笑时，只要没有影响到别人，就让孩子去笑；当孩子因为情绪不佳而哭时，就让孩子去哭。让孩子的情绪跟随心理变化得到合理释放，反而更有益于孩子的心理健康。

❸ 思想上给孩子自由

孩子遇到一些小问题的时候，父母不要争先恐后地给孩子灌输一堆理论知识或解决办法，而是让孩子自己先想一想应该怎么解决，父母只在一旁稍作引导就够了。孩子也是需要成就感的，而成就感的获得源自一个人解决问题的过程。

孩子想帮忙，为什么不要阻止

那个小孩，笨手笨脚的像个随时都会摔倒的瓷娃娃，但是他在满怀期待，渴望一种成就，想看你点头答应。他是那么迫不及待地想要伸手，去见证内心的预见。

场景回放

琦琦见妈妈在洗衣服，就对妈妈说：

妈妈，我也要洗衣服。

说完，就将手伸到盆里捞。妈妈赶紧把她的手拿出去。

行了，这里不用你，你看看一会儿的工夫就把鞋子弄湿了。

妈妈，我想洗。

我说了，你不会洗，一边去玩吧。

琦琦不情愿地冷哼一声，转身去看电视了。

场景解析：

年龄较小的孩子，通常是非常热情的，常常会表现出非常强烈的“意愿”，想要主动并乐意提出帮妈妈做这个，帮爸爸做那个，以小大人的姿态表达着“让我来”。但是，父母要么考虑到孩子还小，要么怕孩子做不好，为了省心省力，便时常阻止孩子。

比如，一个5岁的小孩主动提出要帮忙刷碗，因为孩子每天看到父母都在刷碗，便觉得刷碗应该是件很有趣的事情，于是孩子想尝试、想帮忙。但父母一般会这样说：“你现在还小，万一把碗摔了怎么办？等你长大了再来帮爸爸妈妈。”

不管父母出于什么原因去阻止孩子帮忙，这样做只会给孩子传达一个错误的信息，让孩子觉得是自己无能为力，因而引发挫败感或内疚感。经常遭受父母拒绝的孩子很容易塑造出等待、被动、消极的性格。

有不少父母惊讶地发现，等孩子长大了，想让孩子帮忙承担些家务时，却怎么也支使不动孩子了。这主要是因为，在孩子好奇心最强的那几年里，父母经常阻止孩子参与劳作，这就降低了孩子后期的主动性。

就像有位家长让15岁的女儿帮忙择菜，女儿却无动于衷地吃着薯片刷着手机。妈妈因此责怪，孩子却尖锐反驳：“你不是一直嫌我这也做不好，那也做不好吗？万一我择不好，又得说我，还不如不做。”

所以，别再对孩子说：“等你长大了再来帮忙。”等孩子长大后，一切的教育手段都会充满无力感。成全孩子想要帮忙的意愿，就是在加深和锻炼孩子的主动性。主动意识的可贵，在于孩子遇到一些感兴趣的、未曾探索过的、不曾碰触过的事情时，始终持有愿意尝试、愿意体验、愿意探索的积极能动性。

叛逆期是父母最常听到孩子表达“让我来”的时期，睿智的教育方式不是阻止和控制，而是尽可能去支持孩子的这种成长意愿，满足孩子勇于尝试的探索欲望。

给父母的建议：

同意孩子帮忙，是父母对孩子能力的认可。当然，允许孩子帮忙的背后，也离不开正确的言语引导。

① 正面回答孩子

当孩子兴高采烈地说："妈妈，让我来帮你刷碗吧！"妈妈要用最轻松的态度，对孩子说："好呀！妈妈很开心你能参与到家庭劳动中来，让我们一起吧！"

聪明的父母懂得因势利导，采用正面的语气回应孩子。而这种正面的语气，传递给孩子的是积极、正确的生活态度。在满足孩子好奇心的同时，还会让孩子变得有担当。

② 抓住机会，帮孩子明确家庭责任

当孩子说："让我来帮你吧！"如果孩子做的是家务这种本该共同承担的事情，就需要父母及时引导孩子："父母很乐意你参与进来，但家务本来就属于我们所有人都应该做的事情。你看，吃饭用的碗筷，也有你的一份；地面也有你走过的痕迹。所以，是为了维护我们整个家庭而做家务。当然，这也证明你长大了，知道维护咱们这个共同的家了。"

③ 帮了倒忙，也要肯定孩子的付出

假如孩子不小心帮了倒忙，父母别急着斥责。在父母眼里，孩子的"帮忙"也许总是那么的差强人意，但无论如何请先肯定孩子的付出，让孩子感受主动的付出和努力是一件很有意义且值得去做的事情。在父母肯定与认可中成长的孩子，即便是到了青春期，也依然是那个懂得责任与担当的好孩子。

不要剥夺孩子说“不”的权利

处于叛逆期的小孩，不再是那个任凭拿捏的面团。他有了新的思想，也有了新的认知，他会说“不”。是的，他在用“不”证明一件事：一件捍卫主权的事。

场景回放

聪聪刚熟悉了一家幼儿园。

聪聪，咱们换一家幼儿园吧！

聪聪听完，便嘟着嘴。

妈妈，我不想换。

不行，都已经联系好了，过两天就过去。

我不去。

不去也得去！

聪聪哭闹，可妈妈根本不理会，只说那里多好多好。

场景解析：

在一段公开的短视频中，一个大学生说："我从小到大都不敢反驳我的父母，因为换来的只有冰冷的指责和'否定'。所以，我一直是个懦弱的人，我不敢在别人面前发表意见，不敢说出不同的看法，因为我怕，这种怕是根植在骨子里的，是从知事起，父母就带给我的自卑和被轻视的恐惧。"

因为不敢说"不"，太多孩子究其一生都深陷在自卑与自我否定的泥沼中无法自拔。可是，很少有父母深思，只觉得自己是经历过风雨的成年人，知道哪些对孩子好，所以，总是要求孩子言听计从，不许忤逆。

给孩子报的兴趣班，不管孩子喜不喜欢，都要上；给孩子选生活用品时，从来不问孩子的意见，即便孩子不同意父母的选择，最终还是要采用父母中意的。就因为一句话"为了你好"，孩子的人生就只能沿着父母设定好的线路前进。

因此，在很多家庭中，都有这样一种孩子，他们缺少朝气和活力，当父母问："晚饭想吃点什么呀？"他们会头也不抬地说："什么都行。"因为，这些孩子知道，即便自己说了，也是无用的，父母不会听，所以没有任何意义。

剥夺孩子说"不"的权利，就等于剥夺了孩子对自我价值的认可和感知，剥夺了孩子对人生的向往和希望。那些在父母口中无比乖巧的孩子会说："反正父母也不知道我究竟想要什么，也不会重视我，就这样吧，他们高兴就够了。"所以，这些没办法说"不"的孩子，选择了闭口不言，从不与父母主动沟通，甚至反感与父母交流，对自己的人生也不会有太大憧憬，甚至觉得破罐子破摔挺好。

如果身边的孩子很少为自己争取权益，躲避父母、不愿表达、不敢大声清晰地吐露声音，那是因为他们长期受父母安排，从未感受过说"不"后受到尊重的结果。渐渐地，孩子形成了被动意识，变得束手束脚，缺乏勇气和胆识，最终，也只会成为一个失去能量的平庸之人。

所以，请允许孩子说"不"。生命是一场有去无回的旅程，父母走过的路未必都适合孩子，每个人都有独属于自己的修行，无法复制，也不可能拓印。

给父母的建议：

作为父母，除了管教孩子，也要给孩子说“不”的权利，无论是对自己，还是对别人，总要让出一些自由，让孩子跟随自己的意志成长。

① 放低姿态，和孩子平等对话

好的亲子关系离不开爱、尊重，以及平等对话。当孩子表达出不愿意，不接受，不可以等否定性的言语时，父母先别急着反驳孩子，学会放低姿态，问问孩子“为什么？”引导孩子说出内心真实的想法，平等对话的姿态对孩子而言是尊重，亦是在暗示孩子有说“不”的权利。

② 关注孩子说“不”背后的原因

孩子说“不”的时候，父母一定要跟上一句“为什么不可以？”

接下来，父母要认真听，认真思考孩子说“不”背后的原因，如果孩子说得有理有据，而且准确表示这样做他会不开心，那么父母就要重新考虑是否应该放弃原有的想法。

③ 不插足孩子与孩子之间的“不”

当孩子跟小伙伴或者别人接触时，出现拒绝别人的场景，比如，小伙伴说：“你不让我玩你的玩具，我以后就不跟你玩了，再也不跟你玩了。”孩子回答：“不玩就不玩，我不稀罕。”这时，父母不要过度担心，更不要插足。

孩子们自有属于他们自己的相处模式，而且孩子能真实大胆地表达自己的想法，这就说明孩子很自信，不会为了满足别人而委屈自己。过段时间家长就会发现，孩子们自有修复彼此关系的好方法。

阻止孩子“脏”= 阻止他的智力发育

孩子是这世界上最伟大的创造者和想象家。但问题是，他从来没有一身干净的衣服，鞋子总是挂着泥巴和磨破的皮子。

场景回放

小若若快乐地奔跑着，突然发现一个小草坡，于是躺在坡顶，欢快地往下滚。妈妈看到了，急忙喊道：

不能在地上打滚。

随即跑过去一把抱起若若。若若不开心地用力扭动身体。

我就要玩，放我下去。

妈妈就是不肯，若若立刻大哭起来。

别哭了，衣服都弄脏了。

若若哭得更大声了。

场景解析：

父母不喜欢让孩子在脏乱差的环境里玩耍，更不喜欢孩子弄得满身脏。不喜欢的原因也是各种各样。比如，担心孩子感染细菌生病；怕孩子养成不良嗜好；衣服脏了不够体面；万一受伤了该怎么办等等。正是这怕那怕的心理，导致越来越多的孩子成了真正意义上的温室里的花朵，变得情感淡薄、认知狭隘、理解片面，毫无抗挫能力，免疫力也较差。

幼儿时期的小孩，其智力发育不足以通过说教和讲解来提高对这个世界的理解，唯有感官是他们获得有效信息的途径。当孩子用双手握住一把沙子，将颜料弄得到处都是，或将安全玩具放进嘴里吸吮的时候，孩子的大脑正在飞速运转，从外界收集各种信息。如果父母因为怕脏乱而阻止这个环节，孩子就会失去这个非常宝贵的学习机会。

况且，近年来有越来越多的儿童营养师以及医师鼓励并支持幼儿“不怕脏乱差”的生活态度。通过大量实验，他们发现小孩子从小接触的细菌种类越多，自身形成的免疫系统就越全面，抵抗力也就越高，不会“风一吹就倒”。相反，如果从幼时起就让孩子生活在无菌环境里，这种保护方式就等于在变相侵害孩子的健康防御系统，使其脆弱不堪。

不怕脏乱差的孩子有更多机会接触大自然，接触社会棱角，好的感官、创造力、想象力，以及对情绪的调节能力都会从中获得提升。因为，越频繁使用自身感官与外界互动的孩子，大脑的活跃度越高，收集和处理信息的能力越强大。

在幼儿的世界里，只有物质是真实存在的。他们不知道脏与干净代表着什么，只清楚用手捧起来的雪是冰凉的，所以雪是能给人带来寒冷的东西。

作为家长，要学会在保证孩子安全的情况下，无视所谓的“脏乱差”。因为，比起干净整洁的衣服和外貌，孩子学习能力的养成更重要。

给父母的建议：

有一位资深博主晒出孩子在墙上乱画的照片，并配文说："这面墙应该是属于孩子的画板，从前我只想制止他的这个行为，但后来我明白，不能管，因为墙面可以刷白，但孩子从中能获得的灵感是怎么也难以重拾的。"

作为父母，很多时候，与其阻止孩子探险，不如鼓励孩子去尝试。

❶ 只要没有危险，就让孩子去做喜欢的事

不管孩子是想捡拾路边的石头去盖一所房子，还是想坐着台阶一阶一阶往下滑，都不要立刻阻止孩子的行为，学会做个安静的父母，守着孩子，看着孩子，然后在最合适的时机协助孩子自由探索和成长。

当孩子说："妈妈，我可以在桌子底下建立一个秘密基地吗？"父母可以和善地告诉孩子："当然可以了，按照你喜欢的方式去做吧，但要注意别磕着头。"从父母那里获得支持，孩子的创造力和想象力才能在鼓励的加持下发挥到极致。

❷ 跟随孩子的探索，提高孩子的认知

随手捡起的树枝、叶子，别让孩子立刻丢掉，聪明的父母总能透过一个小小的机会，引导孩子去探索更多有趣的事情。比如，叶子从抽芽，到翠绿，到油绿，再到枯黄、枯萎、凋零，这些无法通过言语去理解的生命轮回，只能通过孩子捡起落叶的那一刻开始去探索和发现。

孩子的认知、勇气、自信和适应环境的能力都是从不怕脏乱差开始的，如果阻止，只会让孩子失去很多乐趣和伟大的发现。

让孩子自己吃饭穿衣是最好的早教方式

教育理论家苏霍姆林斯基说“不能总是牵着他的手走，而是要让他独立行走，使他对自己负责，形成自己的生活态度。”

场景回放

妈妈正在厨房做饭，这时卧室传来阳阳的喊声：

妈妈，妈妈，妈妈……

阳阳你醒啦？妈妈正在做饭，你找件衣服先穿上。

妈妈，你快过来，你不过来，我怎么知道穿哪个衣服？

不是让你随便找一件吗？

我不知道穿哪一件啊。

哎哎，柜子里不多着呢吗？

场景解析：

婴儿是需要被父母无微不至地呵护的，而幼儿则是需要空间去成长的。只是，做父母的总想给孩子最好的关爱，于是过度代劳就成了这个时代的父母最大的一个特点。

爸爸追着5岁的女儿说："乖，再吃一口，要多吃，才能长高高哦！"

妈妈听到孩子的喊叫声，立刻跑到孩子床前，帮孩子挑选衣服，并从里到外手把手给孩子穿戴好。

这些画面，总让人觉得温馨。但是，我们也要考虑一个问题，3~6岁是孩子自我意识感最强烈的时候，也是他们成长最迅猛的时候，任何能力的增长都需要实践和探索。如果父母无法控制自己的情感和双手，那么孩子成长所需要的一切条件就会被剥夺。

有的父母会觉得："不就是喂孩子吃个饭，穿个衣服，有什么大惊小怪的？"

曾有10岁的孩子，因为父母没有帮他盛好饭而气得掀翻了桌子；也曾有个孩子，因为父母不帮自己找衣服，说什么也不肯起床，也不去上学。所以，千万别小瞧了吃饭穿衣这两件小事，对孩子而言，靠自己的能力吃饭穿衣，不仅十分必要，还是非常有意义的事情。吃饭和穿衣填满了幼儿时期三分之二的世界，对吃与穿的态度，决定着孩子今后的人格走向。

当孩子学会用勺子喝汤，学会用筷子夹菜，那种亲力亲为的满足感，会让孩子感受到莫大的喜悦，而喜悦更深层的含义是自信、阳光、开朗和积极；当孩子每天清晨都能自己选好衣服、自己穿戴整齐，慢慢地，父母就会发现孩子越来越有主见，身体各部位的协调能力也在不断增强。

另外，幼儿的大部分时间需要离开父母独自在幼儿园生活，老师再全面也难免有疏忽时。如果孩子具备了吃饭穿衣这些基本的自理能力，他们就能把自己照顾得更好。而且，当孩子和其他小朋友一样能独立完成吃饭和穿衣时，他们就不会有孤独感和挫败感。所以，当孩子表现出想独立完成吃饭和穿衣服的需求时，父母一定要成全并尊重孩子的意愿，这才是最好的早教方式。

给父母的建议：

3~6 岁是孩子锻炼生活技能的第一个敏感期，父母如果能在这个时期内耐心训练孩子的生活技能，孩子是很容易学会的。只是孩子自控能力差，可能吃着吃着就玩起来了，穿着穿着就不穿了。这时候，父母不要刻意制止，因为孩子不是管出来的，而是模仿出来的。

① 让孩子和家人一同用餐

想让孩子尽快学会独立进食，就不要总是把孩子的用餐时间独立出来，尽量一家人同时坐在一张餐桌上吃饭。与家人共同进餐，会让孩子觉得很有仪式感。吃饭时，父母要尽可能表现出对食物入口时的享受，孩子看在眼里，哪怕父母的表情有些夸张，他们也会觉得饭菜真的很可口，进而模仿大人的样子自主进食。

② 孩子需要独立进食

当孩子一边吃饭一边玩，并弄得浑身都是时，父母不要站出来喂孩子，宁肯多洗衣服，也要让孩子先形成独立进食的习惯。有时，我们看到孩子一直在玩，就是不吃，这表示孩子并不饿，父母不要打扰，就让孩子沉浸在玩乐中，这是对孩子专注力和好奇心的保护。

③ 教孩子穿衣，由简入繁

教孩子穿衣服也不要着急，因为没有谁上来就能从头到脚穿戴整齐。我们可以由简入繁，比如，先教孩子怎么穿袜子、戴帽子、穿一伸手就能套进去的宽松外套。这些小行为的成功，会提高孩子的自信心，等穿一些复杂的衣服时，才不会反感。

父母为什么要允许孩子犯错误

教育学家尹建莉说：“你对孩子发的三分脾气，会对孩子造成七分伤害。”不允许孩子犯错误，是最荒谬的教育理念。

场景回放

厨房传来东西摔碎的声音，妈妈赶紧去看，只见伊伊脚下撒了一地葡萄和盘子的碎片。妈妈顿时大声斥责。

你看看你干了些什么？一天天地只会给妈妈找事。

伊伊“哇”的一声大哭起来。

妈妈，对不起，我不是故意的。

妈妈生气地将她拽去一旁。

出去，别让我看到你，气死了。

场景解析：

“你除了会说我、怪我、吼我，还会干什么？”一个孩子歇斯底里地喊着。对于孩子犯错，太多父母习惯先去指责和批评，却忘了他还是个认知能力有限、不懂是非、心理脆弱的幼儿。而做错事不是他们的本意，只是成长过程中必须经历的一些磨炼和挫折。

倘若父母只苛求完美，不允许孩子犯错，否则便非打即骂，这只会让孩子因惧生畏，从小就生出畏难心理，失去自我认同感，变得压抑、焦虑，总害怕惹别人不高兴，可是又会因为自己的软弱而自责。

那些爱说谎话的孩子，最害怕的便是父母的训斥。如果父母一直都是以训斥的方式教育做错事的孩子，孩子就会想办法不让父母发现错误，因为比起不出错，找方法掩盖更容易些。

比如，当孩子不小心弄坏东西时，有的就会将东西藏起来，任凭父母怎么问，都会摆出一副“我不知道”的无辜神情。孩子害怕父母狰狞的面孔和震耳的吼叫声，所以，不得已选择用逃避的方式掩盖自己的过失。如果不幸被父母发现了事实，孩子表面承认错了，内心却在谋划着下次该怎样做得更隐秘、更自然些。斥责声不会让孩子知错改错，只会将孩子与父母的心越拉越远，使孩子走向两个极端：沉默寡言或激烈反抗。面对做错事的孩子，父母教育的初衷是让孩子知道错在哪里，明白犯错的原因并加以改正。但高分贝的斥责声，会让孩子的大脑停止思考，满脑子想的只有恐惧，以及找个什么借口帮自己开脱。

李开复教育子女时，从不摆着长辈的姿态去训斥孩子，他认为那样做只会让孩子失去勇气，变得卑微而又被动。他说：“这种孩子在 30 年前的企业是受欢迎的，但是今天已经过时了，我们今天希望培养的孩子是快乐的、乐观的，是能够信任父母，能够彼此倾诉，能够爱自己也能爱别人的人。”

每个人都会犯错，犯错是孩子成长的必经之路，每个孩子都需要在错误中总结经验，从失败中学会振奋，开心地迎接新的开始。

给父母的建议：

心理学家赛奇斯说："当孩子犯错了，你应该带着孩子从过失的痛苦中走出来，不要盯着孩子的过失不放，应该去赞赏孩子尝试活动的努力和勇气。"就像一位父亲微笑地看着孩子在衣服上涂鸦，有人不解，他却说："孩子的智慧都是从错误的行为中得以启发。你看他画的每一条线都很用心，如果现在去阻止，会让他失去很多快乐和发现。"

❶ 先关心孩子，永远比先关心错误本身更能教育孩子

孩子不小心打碎了碗筷，聪明的父母不会先斥责孩子不小心，而是先关心孩子有没有受伤，查看孩子身上有没有伤口或碎掉的瓷片。

当妈妈说："宝贝，你没事就好。"孩子会非常感激父母的体谅，因为他很清楚，打碎东西是不好的行为，然而他收到的却是关心，因此会心存感激。所以当父母说："去把垃圾桶拿过来，我们一起收拾。"孩子会非常愉快地配合，并承担起做错事的责任。

❷ 孩子做错事时，先在心里默数 123

有些脾气急躁的父母控制不住自己的脾气怎么办？可以尝试一下在心里默数数字。无论是孩子当下做了错事，还是发现孩子说谎，别着急跑到孩子跟前发作，先在心里默数"1、2、3"，哪怕数到 100 时才冷静下来，也不要带着气教育孩子。因为只有自己先平静下来，才能更好地处理孩子的问题。

事事苛责孩子的父母，只会养出斤斤计较的孩子。而懂得原谅孩子过错的父母，才容易培养出开朗、豁达、自信、阳光的好孩子。因为，孩子永远是照着父母的样子成长的。

孩子做的决定尽量少插手

有一种习惯叫:“爸妈说了算”。于是有一种顺从叫:“小孩子懂什么?”所以你看,有那么多小孩被困住了思想,变得沉默寡言。

场景回放

你要什么口味的冰淇淋?

我想吃草莓味的。

那个不好吃,吃奶油味的吧!

你想吃什么口味的蛋糕?

巧克力味的!

巧克力味太甜了,吃抹茶味的吧……

你想吃什么馅儿的水饺?

你选吧。

场景解析：

如果孩子从小就有选择困难症，又得不到引导，这个症状是会伴随一生的。倘若小时候在超市磨蹭半小时也没选定好买什么，长大后选工作、选朋友、选伴侣同样会很纠结。而孩子不会做决定，对自己想要的含糊不清，不是因为孩子本身没有目标，而是他们已经失去了做决定的能力。

回顾一下这些场景：

当孩子说："妈妈，我想吃棉花糖。"妈妈为了孩子健康，就会说："不可以吃糖哦，牙齿会长小虫子。"于是不管孩子诉求，拉着孩子就走。

当孩子说："爸爸，我想去海洋馆，不想爬山。"爸爸说："青山绿水多好呀，还可以锻炼身体，海洋馆以前去过了，再去也不好玩的。"

每次当孩子做出决定时，父母总能找出各种各样的借口打消孩子的决定。父母总认为孩子的认知有限，决定好的事要么太幼稚，要么考虑得太少，所以才不得已插手孩子的决定。可是很少有父母知道，一时的插手就可能毁掉孩子做决定的能力。

没有决定能力的孩子，对任何事都会失去主见，小到一块儿蛋糕能不能吃，大到未来的规划该如何做，他都一片茫然。教育家蒙台梭利也曾说，父母事事帮孩子拿主意，虽然给孩子提供了捷径，让孩子在优越又舒适的环境中成长，却也同时令孩子失去了独立性。而且，依赖的性格一旦养成，就很难改掉。

想让孩子有更好的未来，父母就不能一直插手孩子的决定。有决定能力的孩子，不仅自信，而且果断。当孩子知道一些小事自己说了算时，他会非常珍惜自己的这项权利。经常做决定的孩子，很少出现一意孤行的时候，因为他们知道决定背后有着怎样的代价，如果做错了，后果是要自己承担的。

总有一天，孩子会脱离父母，独自面对各种各样的交叉口，父母也不可能一直帮孩子做决定。所以，趁着孩子年幼，让孩子学会自己做决定，允许孩子做决定，孩子才不会出现选择困难，畏首畏尾的情况。而好的人格，往往就建立在孩子是否有主见有决策上。

给父母的建议：

没有任何一个人能保证自己帮孩子做的决定是万无一失的，既然每个决定都有风险，何不让孩子学会自己做决定呢？毕竟，孩子站在自己角度做的决定，会比父母做得更客观。

在富兰克林·罗斯福年幼时，他的妈妈总是喜欢用各种各样漂亮的服装打扮他。但事实上，富兰克林并不喜欢妈妈选的衣服。

一次，妈妈想让儿子穿苏格兰短裙，富兰克林直接拒绝不穿。妈妈并没有为难孩子，而是选择听儿子怎么说，并尊重了富兰克林的决定，穿了水手服。富兰克林的母亲萨拉解释道："我们从来不曾试图对他施加压力来反对他的喜好，或者按我们的模式规定他的人生道路。"

由此可见，父母懂得放权，让孩子决定自己的事，孩子才能用自己的方式让父母看到他的成长。

① 孩子决定好的兴趣，父母不要插手

孩子虽然小，却已经有了自己的想法、喜好和判断。他们比父母更了解自己喜欢什么和擅长什么。所以，当孩子说他不喜欢画画，想学跳舞时，父母与其强迫孩子去做他不喜欢的，倒不如让孩子去做他喜欢的。人总是因为初识的喜欢而去追求和坚持，孩子同样会因为有动力而不会轻易放弃。

② 孩子决定好的零食，父母不要插手

父母可以限制孩子选择零食的数量，比如告诉孩子只可以选 3 种零食，但不要插手孩子选择了什么类型的零食。只要去的是正规超市，食品来源有保障，哪怕孩子选的是薯片和辣条，偶尔满足一下也是可以的。

第三章

如何让叛逆的孩子乐于配合

如何表达对孩子的认同

满腹才华的三毛曾在笔下对父亲说：“对我来说，一生的悲哀，并不是要赚得全世界，而是要请你欣赏我。”因为感受不到父亲的认同，三毛无比痛苦：“不知活下去还有什么意思。”

场景回放

楚楚拿着画好的画给爸爸看。

爸爸，你看我画得好不好呀？

爸爸很不耐烦地瞄了一眼。

哦，你去一边儿玩，爸爸要忙些事情。

楚楚一把拽过爸爸的手臂。

你好好看看我画的。

结果桌子上的水杯被楚楚碰倒在了电脑上，电脑瞬间烧坏了。

场景解析：

网上有这样一段分享："我这一生都难以快乐。因为从小到大，无论我做什么，都得不到父母的认可。哪怕我竭尽所能想证明自己很优秀，却依然无法换来一次他们欣赏的眼神。我甚至为自己激动的演说感到羞愧和尴尬。"

得不到父母认同的孩子，内心是荒凉的。尤其对幼儿时期的孩子来说，父母就是他的全世界，可自己偏偏难以走进这个世界的中心，自己的感受、心思总是被无情地边缘化。那么，怎样才能引起父母的注意呢？就是发脾气、哭喊、闹腾，总之让父母不顺心也许能换来他们的一点关注。所以，有些孩子不听话，不是因为不乖、淘气，他们只是想获得父母的认同，但又找不到更好的办法。

"爸爸妈妈总是训斥我，我也不想尿床呀，为什么他们总怪我呀？"

"我不想让妈妈去上班，没有妈妈在身边，我心里就怕怕的。"

"就算他们给我买了新衣服，买了好吃的，我依然觉得他们不爱我。"

得不到父母的认同感，再多的物质满足也无法填补孩子的不安、恐惧和孤独感。因为认同是信任、理解，是能感同身受孩子内心真实的感受。人总会因为另外一个人的无条件信任和支持而变得温顺、柔软，孩子同样如此。

当孩子的食物不小心掉到地上，一位妈妈生气地说："你怎么搞的？连块饼干都拿不住，笨死了。"孩子除了大声啼哭，讨厌妈妈的训斥，真的不知道该怎么做才是对的。如果换个方式这样说："妈妈知道你不是故意的，别难过，如果你还想吃，妈妈可以带着你去买。"听到这样的回答，孩子原本紧张的心会慢慢松弛下来。没有负担和压力，便没有抗衡的对象，既然没有叛逆的动力，自然就不会叛逆了。

对孩子表达认同，是最能直击孩子心灵的有效沟通方式。能得到父母认同的孩子，会变得自信、乐观。只要获得了父母的理解，孩子即便是在外遭受了一些磕绊或不公，但只要一想到背后有父母在，心底就有一股潜在的力量支撑着自己。

给父母的建议：

想让孩子变得乖巧、听话、懂事，父母就要学会去认同孩子的感受，接纳孩子想要引起关注的小心思。而所谓认同就是先肯定孩子，肯定孩子的要求，肯定孩子的想法，肯定孩子的成就。

肯定就等于告诉孩子，你懂他的心思，懂他的感受，你们是心灵相通的伙伴，是值得信任的人。一旦信念之桥搭起，孩子自然愿意配合父母的安排。

❶ 对孩子的成就，表示认同

当孩子兴高采烈地跑到父母跟前说："你看我画得画好不好看呀？"

无论父母在忙什么，都要先停下来认真看一看孩子的画作，因为孩子正期待着父母给予自己关注和认可。不要说："画得很好，去玩吧！"这很敷衍，要这样说："妈妈看到了，你画的每一笔都很用心，能跟妈妈说说你具体是怎么画的吗？"给孩子时间，让他谈论自己为之骄傲的事，父母认真听的过程，就是对孩子的努力和成绩最高规格的认同，孩子会越说越兴奋。当孩子说完后，父母提出建议："能再画一幅吗？你的想法真的很棒。"孩子会非常乐意再画一幅。

❷ 对孩子的感受，表达认同

当孩子不小心弄坏东西，父母这样说："你很害怕，是不是？"

孩子会点点头，有的孩子会怯懦地说："我不是故意的。"父母可以蹲下身子，然后真诚地对孩子说："妈妈知道你不是故意的，所以不要害怕。对妈妈来说，这世上没有任何东西比你重要。"认同孩子的感受，让孩子知道，父母清楚他的担忧、害怕、不安和恐惧。

向孩子示弱有什么“好处”

小孩子也是想当英雄的，你瞧，当他完成了父母不能完成的事情后，那一脸骄傲的样子简直就像在宣誓：“我是无所不能的小超人，你有什么困难尽管交给我。”

场景回放

妈妈有些头疼，有气无力地对一旁的韩韩说：

儿子，帮妈妈去厨房拿下水杯。

正在看电视的韩韩听到后头也不回。

妈妈你自己去吧，我看电视呢！

妈妈真是白心疼你了，让你去就去，再不动，电视也别看了。

凭什么让我去拿呀？我就不拿。

场景解析：

为什么让孩子做事情就那么难呢？有些父母并不希望孩子成为一个只会养尊处优的瓷娃娃，希望他们从小懂得亲力亲为，懂得感恩父母心疼父母，并力所能及地做好一些简单的事情。但希望总是美好的，现实却总是充满矛盾。很多孩子并不愿意主动做事情，父母的催促或吼叫反而让孩子越来越叛逆，他们不仅不去做，甚至还跟父母唱反调。下面来看两段话，自然就能找到答案。

第一段：爸爸说："儿子，你把茶几上的果皮丢垃圾桶里去。"儿子无动于衷，爸爸伸脚推了推儿子："叫你呢，耳聋了吗？赶紧动起来。"儿子一跃而起，吼道："你怎么不收拾？又不全是我弄的。"

第二段：爸爸突然捂着肚子说："哎哟，儿子，爸爸肚子好痛呀！"儿子赶紧起身，问道："爸爸，你怎么了？"爸爸虚弱无力地说："儿子，爸爸肚子好难受呀，可是桌子上还有那么多垃圾呢。哎呀，真的好疼呀！又没办法收拾，该怎么办呢？"儿子说："爸爸，我来收拾吧！爸爸，你要喝水吗？"

在强势的命令下，没人愿意心甘情愿主动做事，成年人如此，孩子亦是如此。但是，人又总会因为别人示弱而生出关爱心和同情心，成年人和孩子皆如是。所以，如果想让孩子心甘情愿做事情，父母就要一改往常强势或命令式的态度，学会向孩子示弱。示弱并不是软弱，父母别不好意思向孩子示弱，因为示弱的好处是非常多的。

首先，当孩子因为情绪激动发脾气时，父母的强势解决不了根本性问题，孩子只会口服心不服。若父母向孩子示弱，说："你刚才真的好凶啊！吓到妈妈了，我好难受呀！"父母摆出一副受了委屈的表情，孩子就会想：刚才是不是自己太凶了？就这样，孩子懂了什么是换位思考，并学会了自我反省。其次，父母向孩子示弱，还会降低孩子的警惕性。过去，父母对孩子过于板正，很多孩子不敢主动与父母交流，也不喜欢撒娇。有时撒泼打滚也是因为负面情绪加压太久而引发的。可是，当父母放下身段跟孩子示弱时，孩子就会放松警惕，觉得父母也有柔软的一面，也是需要被照顾、被保护的。

给父母的建议：

向孩子示弱是个挺有技术含量的活，因为你的示弱，必须让孩子觉得自己强大才行。

① 只要有机会，就在孩子面前装笨

太万能的父母教养不出万能的孩子，父母要在孩子面前偶尔“笨拙”几次，让孩子知道，父母并不是万能的。比如，有些父母想锻炼孩子的动手能力，给孩子买了很多彩泥或彩纸，可孩子总是不愿意动手。父母可对孩子摆出一副很为难的样子说：“妈妈不会做，怎么办呀？宝宝可以帮妈妈吗？”孩子听到妈妈这样说，内心的责任感就会蠢蠢欲动，就会说：“妈妈你太笨了，这个都弄不好，看我的。”接下来就是孩子的个人表演时间。当孩子做好了手工后，父母要及时给予夸赞：“宝宝好厉害呀，妈妈就没你这么会做。”

② 像小孩子一样对孩子撒娇

不要将事情完全丢给孩子一个人做，因为孤独的行者会变得消极且被动。父母要学会调动孩子和自己一起做事，当孩子不愿意时，可以对孩子撒撒娇。想让孩子运动运动，但孩子不愿意，父母不如挽着孩子的胳膊，像小孩子一样撒娇说：“去吧，没有你陪着，我会很孤单的，好不好嘛？”即便是小孩子，感受到自己的重要性，被需要的渴望感，也会爽快答应父母的要求。

网上流传一句话叫：“走孩子的路，让孩子无路可走。”父母先孩子一步示弱，就能激发孩子的同理心，让孩子瞬间觉得自己也是有责任做些事和照顾父母的，于是就像个小大人般，慢慢成长为一个暖心的孩子。

怎样利用期望效应，让孩子变得更好

“因为父母希望我变得越来越好，为了不让他们失望，我也要努力提升自己，变得更好。”那些被父母积极期待的孩子，心中总会萦绕着积极向上的力量。

场景回放

两位妈妈带着孩子一起玩耍。宁宁妈对朋友说：

我儿子特别淘气。

话刚落音，朋友的小孩跑过来。

朋友家的小孩：妈妈，宁宁把我的房子拆了。

宁宁妈感到很不好意思。

你看，一会儿工夫就开始捣乱了。

这时，宁宁将一块积木丢妈妈身上。

你来抓我呀！

场景解析：

有些父母总是对孩子说“你怎么这么笨呢？”“小懒虫，真是懒得要命。”“小馋猫，又贪吃又不爱运动。”等一些负面定义性言语。殊不知，这些言语暗含很多倾向性引导，会让孩子变得越来越笨、越来越懒惰、越来越嘴馋……不知不觉中，他成了父母口中的样子。

“说你不行，你就是不行。”孩子会当真认为自己不行，这就是负面期望的结果。相反，将期望用于积极正面的引导，就会产生很积极的期望，就如在生活中，当我们对一件事怀有热切期望时，会感觉自己浑身充满了力量，就连大脑与四肢也变得十分灵活，这就是罗森塔尔效应。

1968年，罗森塔尔教授交给学校一份名单，并说名单上的孩子在一项测试中被发现有极高的天赋。可事实上，这只是一份随意抽样的名单。有意思的是，那年学末测试中，名单上的孩子学习成绩比其他孩子高出很多，而且在品行与师生关系上也与过去改善巨大。

爱迪生幼时总做些常人看来不可理喻的事情。一日，他拿着发酵粉给那结果令那些孩子肚子疼得直打滚。学校校长认为他是个“低能儿”，打算开除他。可母亲却说他很聪明，只是好奇心太强，既然学校教不了，她就把孩子带回家自己教。就这样，母亲一边教育孩子知识，一边支持孩子做实验。而爱迪生也表现出了超越常人的智慧与毅力，最终成为举世闻名的发明大王。

心理学家卡尔·罗杰斯说：“当孩子们无条件地接受别人的尊重时，他们会认为自己是有价值的，并且他们的价值并不取决于成就。因此，他们的价值观并没有随着成功和失败而衰落。”

这就是期望的力量。“说你能，你就能，不能也能。”当你听到这句话时，是否不能也得能了？哪怕破罐子破摔，也要努力试试。倘若父母经常对孩子说：“你是个自信又善良的孩子，你很懂礼貌。”孩子就会努力证明自己就是父母口中的样子。

给父母的建议：

放弃忽视、打击、冷嘲热讽等鞭策手段，当今的孩子思想开放，认知能力和悟性比过去的孩子要高得多。所以，过去的一些老手段已经不适合教育当下的孩子。如果想让孩子好好配合父母，就要多给孩子期望，并实打实地让孩子感受到父母对他们的期望。

① 当孩子有表现欲望时，给孩子期望

孩子虽然小小的，有时走路都会跌倒，却也想做些别人总认为他们做不到的事情。这时候，父母不要打击伤害他们的自信心，不如给孩子个机会。比如，当孩子认为自己也能把被子叠好时，父母不要着急说："你叠不好的。"要说："妈妈同意你的看法，你试试吧！如果需要，妈妈随时可以帮忙。"父母的信任，是给孩子传递积极期望的有效方式。

② 用自己的语言、表情让孩子获得被期望的信号

想让孩子遵循父母的想法，就不要冷着脸对孩子说："你爱怎么样就怎么样吧！"而是温柔平和地说："你是怎么想的？我很想听听。"给孩子一个好态度，然后把话语权主动让给孩子，让孩子可以自由分享他们的观点。当孩子表达完整后，会因为父母愿意听他们说，从而觉得自己在父母心中是被期待的。

③ 父母进行自我暗示，减少对孩子的负面评价

除了对孩子进行期望影射，父母也可以经常性对自己进行一些暗示，要经常告诉自己："我的孩子很好，他很聪明也很活泼，是我自己需要再耐心些。"自我暗示一旦生效，父母就能很好控制自己的情绪，不对孩子进行负面评价，也能多些耐心去更好地引导孩子。

怎么夸奖让孩子乐于接受建议

老话常说，马屁拍到马蹄子上不仅白忙活，还会惹对方不高兴。对孩子同样如此，如果父母夸奖孩子的方式不对，与其夸还不如不夸。

场景回放

天天拿来一幅画给爸爸看。

宝贝你画得真棒，你就是个小天才。

晚上睡觉时，天天向妈妈提出了疑问：

妈妈，你觉得我是个小天才吗？

妈妈愣住了，向天天投来了疑问的目光

爸爸说我是个小天才，那我是不是真的可厉害了？比谁都厉害，以后不用学我也是最棒的吗？

妈妈一时间真不知道该怎么给孩子解释，似乎怎么说都会让孩子误读“天才”二字。

场景解析：

该怎么给孩子解释“天才”呢？如果说孩子不是天才，是否会打击孩子的自信心？如果承认孩子是天才，孩子又是否因此对自身的能力失去判断？所以，虽说好孩子是夸出来的，但不是所有的夸奖都能起到好作用。

当父母总是用“你真棒”“你好有天赋”“你真聪明”去夸奖孩子。有些父母甚至一天内对孩子夸奖多次，孩子自己喝了口水，夸孩子“真棒”；孩子把玩具摆好，夸孩子“真能干”……无论孩子做了什么，都会对孩子说一句“真棒”。当父母的夸奖习以为常，孩子对夸奖就无法表现出过多的开心和得意，反倒会因为那些笼统的夸奖感到无趣。此外，也会有部分孩子因为父母极度地赏识而变得盲目自信，觉得自己哪儿哪儿都很厉害，天生就比别人强。故此，常有父母疑惑：“为什么我常常夸奖孩子，孩子却反而表现得越来越糟糕了呢？”

非正确的夸奖方式会令孩子形成错误的认知。当父母简单地夸奖孩子“聪明”时，这个笼统的标签就会贴近孩子心里，今后孩子所有的行为都会为了守住“聪明”而盲目努力，甚至不喜欢被人超越，也无法接受失败。

比如，当孩子学会算一道数学题时，妈妈夸奖：“宝贝，你真棒。”孩子笑着说：“妈妈，我会一直这么棒的。”结果下道题孩子没办法算出来，内心开始忧虑、焦躁，最明显的表现是：不做题了，要玩，觉得做题很烦很讨厌。

有些父母总是不加节制地夸奖孩子哪儿哪儿都厉害。原本是好意，希望孩子变得自信，但夸奖的言语不对，度再把握不好，孩子就会对自身能力失去正确判断，很容易产生一种“我就是天下第一”的错误认知。总之，当现实与内心设想形成极大的落差感时，大部分人都会因为难以接受而选择逃避或堕落。

无效夸奖只停留在表面，比如，孩子丢出一个石子，父母说很棒，孩子就会以为是自己丢的这个动作很棒，于是下次很可能丢车钥匙、遥控器、鞋子等物品。而且，孩子越小越容易受无效夸奖干扰，从而很难养成好的行为习惯和认知。

给父母的建议：

在夸奖孩子之前，父母要先搞清楚两个问题：夸奖是为了培养孩子哪方面的素养？要避免什么问题？

比如，看到孩子主动把茶几上的垃圾扔进了垃圾桶。父母希望夸奖的话能让孩子养成不乱丢垃圾，爱护家庭环境的习惯。要避免孩子错误地以为什么都可以扔进垃圾桶，同时避免孩子为了获得夸赞而被动做事。

想明白这两个问题，父母就不会单纯地只称赞孩子“好棒”，而是说：“妈妈看到你主动把茶几上的果皮和没用的包装袋扔进垃圾桶，看来你真的是长大了，知道维护咱们家的卫生了，妈妈为此感到开心。”

① 夸奖具体事项

让夸奖的荣耀感落实到具体事项上，让孩子清楚自己具体做了哪些事情才受到了称赞。当孩子知道自己为什么被夸奖，夸奖才能衍生出动力和目标。

② 夸奖孩子要有度

不要没完没了夸奖孩子，每日最好不超过3次，而且要让每次夸奖落实到值得被夸赞的事情上。言多必失，物以稀为贵，精准且有质量的夸奖才能起到有效的引导。

③ 不夸结果，夸努力

当孩子在幼儿园获得了小红花并因此对父母炫耀时，聪明的家长会称赞孩子通过努力而得到了荣誉。“因为每次你都能认真地完成老师布置的任务，是你的努力换回了小红花。”长此以往，孩子就会养成成长型思维，知道奖励源于自己的努力，而非不劳而获。

孩子听了不逆反的沟通方式

在与孩子沟通的过程中，家长切不要一味地自说自话，要让孩子从自己的话语中获取信息并充分理解，这样沟通才不会变得盲目且单方面。

场景回放

妈妈看着一旁只拼了一点的小颗粒积木。

怎么不拼了？

我不会，一点儿也不好玩。

你吵着闹着要买的时候怎么没想到自己不会玩？你过来，不把他拼完，什么也别干了。

我就不弄，就不弄。

你别那么着急，慢慢拼。

我不想拼了。

场景解析：

有的父母在跟孩子沟通时习惯直接下结论，“你不会玩，就别玩了。”“着那么大急干吗？”“吃慢点，行不行？”“不听话，妈妈就不带你出来了。”……句句话都是单刀直入地说给孩子听。但事实上，孩子根本听不懂你要表达什么。

什么叫“吃饭吃慢点”呢？这句全无概念的话，对于一个 3~6 岁的孩子来说，就是一种精神折磨。孩子在无法理解的状态下忍受着父母的训斥和要求。于是，很多孩子因此焦虑不安，有的变得畏首畏尾，有的则不断与父母发生情绪冲突。

没有具体描述问题的关键所在，孩子就无法形成健全的概念，也就无法判断自己行为的对与错。

当孩子陪父母逛商场时，看到什么就想买什么，父母厌烦之下丢来一句：“你有完没完？见什么要什么，咱家的钱是大风刮来的嘛？再哭，我们就不管你了。”很简短的一句话，父母是想让孩子收敛，但孩子获得的信息却是：我是个什么都想要的坏孩子，我们家没钱，我随时都会被父母丢掉。最终形成一句总结：爸爸妈妈不喜欢我。

据一个男孩儿回忆，小时候，妈妈让他扫地：“把地扫了。”他以为是把脚下自己扔的瓜子皮扫掉。结果等妈妈回来，对着他一顿数落和吼叫。原来妈妈的意思是让他把整间屋子扫干净。他觉得自己很无辜，可又无处宣泄。这也让他变得性格孤僻，不愿与人多交涉。

很多父母都有这样的习惯，他们想当然地觉得孩子能听懂自己的话，大概只有在这件事上，父母才会把孩子当成一个智力健全的人看待。说话时，要么说反问句，要么没头没尾只说一半，另一半让孩子自己猜。殊不知，长期这样与孩子沟通，会严重打击孩子的自尊心和自信心，孩子形成社交障碍的概率也会大大提高。

给父母的建议：

所谓描述问题，就是尽可能详细又直接地让孩子清楚问题的本质。作为父母，要学会用幼儿思维给孩子讲述问题。这样做起来会有些难度，毕竟大多数父母已经习惯了成年人的思维。但是，可以尝试对自己进行简单的心理暗示。比如时常提醒自己："他还是个懵懂无知的小孩儿，对很多事都一知半解。"让自己也像同龄人一般去给孩子解释，孩子才能听懂。

① 描述问题的同时，让孩子亲自感受

当孩子看上一双鞋子，父母却觉得不合适时，把"这双鞋子不适合你"改成"这双鞋子前脚掌太瘦了，会让你的脚很不舒服，你不妨试试看"。只有让孩子试穿后真切感受到夹脚的不适感，孩子才愿意放弃对这双鞋子的念想。

② 与其命令，不如让孩子用眼睛看清楚真相

小男孩特别喜欢吃糖，妈妈和他讲了很多次吃糖的诸多坏处，但小男孩依然嗜糖如命。于是这位妈妈找了一部关于吃糖的纪录片《高糖陷阱》，然后找了个合适的时机和小男孩一起观看。当小男孩看到纪录片里吃糖的孩子牙齿全部烂掉，并且在医生的诊治下拔掉了6颗牙后。小男孩才知道吃糖真的对牙齿不好。于是对糖不再那么依恋，偶尔吃但也会自己控制量。

怎么培养孩子的良性竞争力

在孩子成长过程中，家长普遍会面临孩子与同龄人的竞争问题。孩子有竞争心理并非一件坏事，但当他们对胜负过于执着，对失败久久无法释怀时，家长就需要对孩子进行正向引导，培养孩子的良性竞争意识。

场景回放

在幼儿园举办的“我是小小发明家”的绘画比赛中，迪迪没有获奖，回家后，她又哭又闹。

不就是个小比赛吗？输了就输了，等下次咱再争取。

迪迪反而哭得更厉害了。

你这孩子，怎么还输不起呢？

呜呜呜……

输了就输了呗，至于吗？

场景解析：

在竞争心这件事上，很多父母都不曾在意过，总觉得孩子有胜负欲和竞争心是件好事。可是，随着孩子自由生长，有些父母发现孩子的胜负欲越来越强，不论大小事，只要存在竞争关系，孩子就变得很有“攻击性”，一旦没有获得最终胜利就各种闹别扭，父母不得不花时间和精力去哄孩子开心。

儿童心理学家通过研究表明：孩子从三岁时起，竞争意识逐渐苏醒并慢慢增强，开始主动与周围的人进行比较，并自己设立竞争准则。当孩子 4 岁左右时，就已经对自己的优劣势有了一定认知，而这种自我评价的源头和依据就是人们常说的“竞争”。那么问题来了，孩子从小就有胜负欲究竟是好事还是坏事呢？

首先，竞争是孩子的本能，孩子之间的竞争多以简单粗暴的方式出现，即便是日常的吃饭、睡觉、学习或游戏，在他们心里都有论输赢的必要。可正因为有竞争存在，孩子各方面的成长才趋于成熟化、丰富化。

竞争这个词虽然是中性的，但它却会衍生出“恶性”和“良性”两种可能。当孩子只追求胜利，不能接受失败时，就很容易陷入“恶性”竞争，产生嫉妒和输不起的心理。孩子认为，只要没赢就是输。当输成为习惯，孩子会转向不自信和自我否定，甚至不敢于展现自己。

作为父母，不能忽略对孩子竞争意识的疏导。要鼓励孩子竞争，也要告诉孩子如何进行良性竞争。因为人的竞争意识和自我意识是分不开的，而正确的自我意识就是在不断地良性竞争中建立的。孩子只有形成正面的竞争心理，才能成长为一个有自身特点和正向心理发展的人。

给父母的建议：

良性竞争应恪守公开、公平、公正、公心四大原则。这些词蕴含的深意孩子自然不好懂，但父母一定要烂熟于心，并在合适的时机对孩子进行详细解说，引导孩子遵循这四个“公”原则，让孩子从小就懂得该如何正确地与他人展开竞争。

1 引导孩子学会公平看待和小朋友之间的竞争

孩子放学后，习惯将发生在学校里的一些事告诉给父母，“妈妈，明明是我先举手的，可老师就是不叫我，我很不开心。”这件事里明显含有竞争心理，父母不要忽视，更不要敷衍，而是要告诉孩子：“妈妈知道，你举手是想向老师证明自己，是不是呀？”

孩子会说：“是啊！我就是想让老师知道我最会了。”妈妈接着说：“从你举起手的那一刻，老师就知道你会了。你想被老师叫，可是其他举手的小朋友和你一样也希望被老师叫。你想想，如果老师总是叫你回答问题，对其他小朋友是不是就不公平了呀？”这样说，是为了让孩子明白，要学会公平看待与小朋友之间的竞争，就是既允许自己优秀，也要允许周围的人优秀。

2 玩游戏时，让孩子学会注重过程和技巧

有时，孩子总因为输掉游戏而心情沮丧，情绪激动，情节严重的会摔打东西。父母千万不要小看孩子在游戏中的竞争心理，若无正确引导，孩子很容易因为胜负欲过强等不良心理而变得暴躁易怒。若发现孩子有类似情况，父母可以通过自身来引导孩子，如何正确面对游戏的输赢。

比如，让孩子观看父母玩游戏。赢的时候，父母可以跟孩子一起回顾赢的原因，把关注赢这个结果彻底转移到过程和技巧上去。输的时候，父母可以告诉孩子，输了确实不太开心，但尽量保持平静，然后和孩子一起讨论输的具体原因。总之，要让孩子明白一个道理，输赢跟游戏本身无关，只跟自己的努力方式有关。

如何用爱平息孩子的逆反情绪

爱是这世间最美好的东西，它能带给人温暖，而这份温暖能融化万物，包括孩子的叛逆情绪。

场景回放

公园里，爸爸正在跟朋友聊天，玩累的霖霖跑过来对爸爸说：

爸爸，我累了，你抱着我。

爸爸在忙，你去一边儿坐着去。

霖霖嘟起嘴，转过身对妈妈说：

妈妈，你抱抱我。

你这么重，妈妈可抱不动你。

哼，你们都不爱我了。

场景解析：

很多中国父母不善于对孩子表达爱意，也许在孩子婴儿时期会经常抱一抱、亲一亲、哄一哄。可是当孩子四五岁时，有些父母就开始羞于再向孩子传递爱意，取而代之的是管教、训斥和责骂。当然，父母依然是爱孩子的，但是他们忽略了一个很重要的问题：3~6岁是孩子的第一个叛逆期，越严厉对待孩子，孩子的叛逆情绪就越严重，甚至会影响其将来的人格走向。

在卡勒得·胡赛尼的《群山回唱》中有这样一个情节：马科斯从小生活在母亲的“打击教育”下，母亲总是不停地给他泼冷水。因此，马科斯从不主动与母亲谈论自己的事。让马科斯始终无法释怀的是母亲没有牵过自己的手走路、不让自己坐在她腿上、睡前也没有讲过童话故事给自己听……童年对他而言除了压抑，只有逃离。

但是，马科斯的母亲其实是爱他的，只是因为不善于表达，才致使马科斯拥有了一个被压抑填满的童年经历。而一个感受不到父母爱意的孩子除了变得越来越叛逆以外还会缺乏安全感。

有时候人们会感觉到孩子在怀疑父母给他的爱，因为叛逆期的孩子就是这样敏感。所以他们会用一些特别的方式问父母：“妈妈，你答应我的事能做到吗？”“爸爸，你要给我买那个玩具才能证明你爱我。”如果此时，父母用过激行为应对孩子，孩子就会过度解读父母的言行，疑虑爸爸妈妈或许不爱自己，并因此变得情感脆弱，更加敏感。

只有当孩子实实在在感受到父母的爱意时，他们才能放下所有的疑惑和不安，全心珍惜这份爱，并乐意对父母的爱做出回应。能感知到父母爱意的孩子，他们内心的叛逆情绪会逐渐被分解，心里更多的是愉快、乐观、轻松和积极向上。若感知不到父母的爱意，孩子的叛逆情绪只会越来越严重，并逐渐形成孤僻、胆怯和忧郁的性格。因此，父母们不要再羞于向孩子传达爱意，因为温暖的爱可以帮助孩子健康成长，最终成为一个拥有人格魅力的少年。

给父母的建议：

演员宋丹丹曾说："如果做父母的给了孩子一个轻松、愉快的家庭氛围，再在教育的时候顺势而为，以平等的姿态去接触孩子的内心世界，那所有的孩子都会拥有一个明亮、快乐、幽默、不自私自利、充满爱的健康人格。"

① 营造爱的家庭氛围

要想让孩子顺利度过第一个叛逆期，父母就要做到会表达爱，无论是对长辈、对伴侣、对孩子，还是对所有关爱自己的人，都要大大方方表达出爱意。孩子耳濡目染，心底自然就会变得柔软，从而渐渐弱化叛逆情绪。

② 早晨醒来的那一刻，给孩子爱的语言

优秀的父母会在家庭氛围中给予孩子无微不至的关怀，通过自身的言语和行为，平衡孩子在情感上的需要。比如，早晨起床第一眼看到孩子时，父母会对孩子说："宝贝，早上好，愿你有美好的一天。"有这样一个美丽又温馨的开始，孩子的情绪也会因此变得柔和。

③ 晚上，和孩子一起分享一日的快乐

到了晚上，父母可以和孩子坐在一起，分享一日的快乐。让孩子讲一讲在幼儿园的故事，无论开心的或不开心的，都让孩子讲出来，父母只需要做个认真的倾听者。当然，父母也可以把自己发生的趣事说给孩子听。这样一来，孩子无论在外面经历了什么，都会乐意与父母分享。这种方式不仅帮孩子疏解了积压一日的情绪，还能切实掌握到孩子在学校的动态，可谓一举两得了。

第四章

帮孩子疏解叛逆期的负面情绪

怎样帮孩子发泄内心的不满

父母总以为孩子是因为冰激凌掉地上，吃不到了才会哭闹。实际上，孩子是在宣泄内心的不满，是在给压抑的情绪找个释放口。

场景回放

爸爸答应出差回来时给硕硕带礼物，结果忘了。回到家后，硕硕向爸爸要礼物。

宝贝，爸爸忘了，下次一定给你补上，好不好。

硕硕伤心地哭了起来。

爸爸是个大骗子……

为这么点事儿哭，算什么男子汉？憋回去。

硕硕强忍泪水，但眼睛里的委屈却怎么也藏不住。

场景解析：

说起孩子什么都想要，多少父母为此欲哭无泪。

三天两头闹着去超市买好吃的，不带着去就哭闹；同样的玩具，买了红的还要黑的，买了大的又要小的，不给买就撒泼打滚。

但凡有孩子的家庭，免不了隔三差五就要经历一番孩子迎面扑来的情绪风暴。有的父母不忍心看孩子哭闹，又无法满足孩子的要求，就想办法尽快转移孩子注意力；有的父母不希望孩子欲望心太重，便用一些比较严厉的方法去制止孩子撒泼打滚的行为。这两种办法看似都有效果，可细心观察就能发现，孩子的情绪慢慢变得越来越不稳定，有时会因为一点小小的刺激就又哭又闹。

让孩子情绪不稳的原因有很多，其中积压在身体里的欲求不满的负面情绪，对孩子心理健康的破坏性是最大的。有些父母疑惑，孩子活蹦乱跳的，怎么会有那么多负面情绪呢？其实，作为成年人，我们心里也隐藏着很多难以诉说的悲伤和愤慨，那些未曾发泄完的负面情绪储存在身体里，有时会因为一点小小的刺激就陷入崩溃。同样，孩子也会因为硬生生停止哭闹而将数不清的负面情绪压缩在小小的身体里，那些情绪会一点点蚕食掉孩子的坚韧、耐心、自信和勇气，同时滋生出优柔寡断、自私自利、懦弱自卑、暴躁等一些负面人格。

在心理学上，如果一个孩子能把欲求不满的情绪毫不犹豫地表现出来，这就说明孩子的心理是健康的，他们不仅有自己的见解，还勇于坚持自我。反观那些特别懂事又很少令父母操心的孩子，人们在欣慰的同时又会莫名心疼。比如，当这些孩子想吃棉花糖却被父母拒绝时，他们只是默默低下头，不哭也不闹。这种听话的背后其实隐藏着极大的不安和极力地讨好。

孩子发泄情绪不是坏事，而是在向父母传递“我很难过”“我不满意”这种信号。这时候，父母就应该让孩子把欲求不满的情绪全部发泄出来。

给父母的建议：

欲求不满的孩子心里会有很大的挫败感，最大的情绪是气愤。这时候，无论父母说什么，孩子都没有耐心听进去，除非满足孩子的要求。但是这样做，无疑让孩子学会用发脾气的方式威胁父母。而静静地让孩子先把不满的情绪发泄完，才是最妥当的方法。

❶ 父母要接受孩子会因不满而发脾气的事实

父母要接受一个事实，当父母不能满足孩子的愿望时，孩子一定会发脾气，闹情绪。这是儿童心理学家和育儿专家也无法阻止的一点。面对无法阻止的事，就要学会接受。人一旦接受事实，就会用更大的耐心和包容心看待孩子成长过程中的一些意外情况。

所以，父母别害怕孩子哭闹，孩子若能把不满情绪全部排空，心理就会更加健康。

❷ 全家上下达成一致，允许孩子发泄情绪

小男孩儿想吃汉堡，妈妈说只能每周六吃一次，现在还没到时候。孩子因此开始哭闹，妈妈在一旁不发一言。爸爸和奶奶想要哄哄孩子，都被妈妈无声制止了。过了半小时后，孩子自己停止了哭泣，妈妈说："咱们好好聊聊？"孩子说："妈妈，我饿了，想吃饭。"

当孩子因为欲求不满而发泄情绪时，最好的办法是全家上下达成一致，允许孩子把不满的情绪发泄出来。

孩子当众哭闹，父母如何控制脾气

当孩子在众多外人面前哭闹时，你会吼他吗？如果你回答“会”，那么很不幸，你没有意识到自身存在的问题。

场景回放

妈妈带着瑶瑶去参加朋友生日。餐桌上，瑶瑶因为漂亮裙子脏了，开始哭闹。

好了宝贝，别哭了，回家后妈妈给你洗洗就好了。乖女儿……

妈妈原本以为哄几句就好了，谁知越哄瑶瑶哭声越大，妈妈一生气就轻轻打了瑶瑶几下。没想到瑶瑶没坐稳，从凳子上摔了下去，还打翻了杯子。这一下就弄得更热闹了，所有人的目光都投到了她们母女二人身上。

别哭了！丢不丢人？

妈妈忽然加大的声音，把瑶瑶吓得憋住了哭声。

场景解析：

遇到孩子在公共场合哭闹，大部分父母都难以控制自己的情绪，毕竟公共场合是体现素养的地方，如果孩子情绪失控，就容易让父母产生面子和社交方面的压力。总感觉孩子一哭闹，周围人就会投来异样的目光，既觉得孩子缺乏素养，又觉得父母无能。当然，这些都是当事父母的心理活动。但正是这些心理活动激化了父母的情绪，导致他们在冲动之下做出了一些不理智的行为。

例如：商场大厅里，儿子撕心裂肺地大哭，父亲声嘶力竭地批评；人行道上，妈妈用力拉扯女儿，女儿边哭边伸脚踢着妈妈；游乐场里，妈妈高声质问孩子："你到底想怎样？"孩子发出更大的哭声抗议。

若站在第三方角度去审视这些画面，人们对孩子的同情会远高于对父母。因为孩子本身自控能力就差，又在叛逆期，稍不如意就有可能情绪崩溃。而成年人若不能在公共场合控制好情绪，对一个孩子大吼大叫，反而会引来非议，降低自身的好感度。于是，当一些父母还在埋怨是孩子的问题时，旁观者想到的是：一位熊家长正在教育他的熊孩子。

在一段短视频中，一个小男孩儿正趴在超市地上哭闹，爸爸妈妈却安静地在孩子一米远的位置席地而坐静静看着，并在孩子前面摆了瓶水。周围路过的人纷纷发出好奇又善意的微笑。视频下方的网友留言却是一边倒的为这对父母拍手叫好，甚至觉得这样的画面很有趣，孩子可爱，父母也可爱。此时旁观者得到的总结是：熊孩子身边也有充满智慧的父母。

所以，当孩子在公共场合哭闹时，挽回尊严靠的不是对孩子的强硬态度，而是父母能否先控制住自己的情绪。因为人只有在冷静状态下才能做出最正确的判断，也只有先冷静下来才能分析孩子哭闹的原因，然后帮助孩子找到合适的方法疏解情绪。况且，在公共场合训斥孩子反倒会大大刺激孩子的自尊心，从而激发出他们更强烈的逆反心理，使哭闹升级。

给父母的建议：

带孩子去公共场合前，可以先给自己的情绪开垦出一条缓冲带，告诉自己：孩子在公共场合哭闹，是每个父母都要有的经历。所以没什么好焦虑的，大家都要试着走一遍。

❶ 把注意力集中到孩子身上

当孩子在公共场所哭闹时，父母不要先想别人怎么看怎么想，因为他们无法帮助自己稳定孩子的情绪已。所以，不抬头扫视周围，把注意力全放在孩子身上，然后反复提醒自己：如果我不能冷静下来，就有可能伤害到孩子，我不能让孩子的心灵受伤。然后，父母就能抱着孩子先去一个安静的地方，让孩子把情绪宣泄出来。

❷ 大方为孩子的不当行为向公众道歉

如果孩子在图书馆、电影院等一些需要保持安静的地方突然哭闹，父母可以大方站起身来向周围的人说声抱歉。人性本善，人们会善意地理解并选择原谅。但是，要快速带孩子离开，因为幼儿的哭闹不是父母一两句话就能够制止的。而你们离开的背影会获得人们的高度点赞，会觉得孩子能遇到这样高素质的父母是最大的幸运。

❸ 承认孩子年幼，情绪不稳

父母要多给自己一些心理建设，清楚自己的孩子是个对什么都好奇，又难以控制情绪的不稳定体。只有将这些信息汇总到脑海里，父母才会在孩子耍脾气时保护冷静，孩子见哭闹无法威胁父母，便会明白哭闹达不到任何目的。

作为父母要认识到一点：孩子在公共场所发脾气很正常，但帮助孩子疏解情绪，慢慢成为情绪的掌控者，是父母不可推卸的责任。

如何与哭闹的孩子沟通

只有蹲下来，你才能发现，孩子之所以喜欢站在凳子上吃饭，不是为了好玩，只是因为他想看清盘子里的饭菜。

场景回放

贝贝不小心洒了一地奶粉，怕被责怪，就一直在哭，妈妈哄了半天也不见好。

正当妈妈蹲着收拾地面时，看到一旁的贝贝还在抹眼泪，妈妈就蹲着抱了抱她，谁知贝贝的哭声很快就止住了，还对妈妈说：

妈妈，对不起，我不是故意的。

场景解析：

为什么站着哄不好孩子，而蹲下却更容易得到孩子的配合呢？

因为父母与幼儿的身高相差太大，而一高一矮的交流方式，本身就容易给双方造成不同的心理暗示。站立的父母必须俯视孩子才能进行沟通，而俯视本身会在无形中加重人对权威的拿捏，让父母觉得自己就应该更强硬些才能管住孩子；而孩子需要仰视父母才能做到与父母交流，但仰视本身会在心里释放卑微感。再加上父母强硬的态度，孩子除了屈服基本无路可去。

即便是成年人，当身高 1.6 米遇见了身高 2 米的人，哪怕对方俯视下来的眼神充满善意，矮个的人依然会觉得非常不舒服。而身高相近的人在交流时能做到平视，彼此能从对方的眼睛和面部表情中解读出很多信息，这就让双方的交流轻松愉快很多。

父母要学会蹲下来，与哭闹的孩子保持眼神上的平行。当父母降低到孩子的视角才会发现，孩子的世界与成年人的世界不同，看到的和感受到的也截然不同。成年人能看到商场里琳琅满目的商品，但孩子只能看到拥挤的人腿；成年人能看到公园远处的树木和花草，孩子却只能看到身旁一米高的绿化带……所以，父母要蹲下来才能看到孩子眼里的世界，反思孩子曾忍受了多少无端的指责。

父母愿意降低身高与孩子平视，孩子就会接收到一个信号：父母很温和，他们愿意听我说。这样一来，孩子的抵触心理就会降低，情绪也会慢慢有所缓解。而且，蹲下来与孩子交流，可以让父母通过行为上的换位来提醒自己做到思想上的换位。

蹲下来与孩子交流不是一句口号，要付诸行动。从蹲下的那一刻起，父母和孩子都会明白，他们是平等的，看到的世界是一样的。父母蹲下来说的每一句话，都比站着说千百句更有用。

给父母的建议：

有些父母说：“孩子哭时，我经常蹲下身子跟孩子沟通，但怎么没有效果呢？”而孩子却说：“他们蹲下来批评我，是在强迫我看着他们的眼睛挨批评。”

蹲下来和孩子沟的前提是尊重。如果父母依然抱着训斥孩子的目的蹲下，这与站着就没有什么不同。蹲下的那一刻，父母要把孩子当作一个拥有独立人格的朋友对待，他有选择权、决定权、知情权，还有宣泄不满情绪的权利。

❶ 让温和的态度和神情一起蹲下

蹲下来与情绪激动的孩子交流时，父母的面部表情会被孩子清楚看到。聪明的父母会用温柔的眼神安抚孩子的情绪。当孩子从父母的眼中读到关爱、包容和信任，委屈的情绪就有了一个平衡点，哭闹也会渐渐平息，并愿意将内心的真实想法分享给父母。

❷ 别问为什么，安静陪着孩子哭闹

蹲下来时，父母不要立刻与孩子说话，先别问孩子为什么哭闹，更不要立刻劝孩子停止哭泣，这时可以用手轻轻抚掉孩子的泪水，然后握住孩子的小手说：“妈妈知道你心里一定委屈极了，哭吧，妈妈会一直陪着你。”父母的感同身受，会令孩子的委屈情绪再次宣泄并迅速消减。随后，孩子还会愿意说出哭的原因。

❸ 让孩子自己决定后续事情

父母认真听完孩子的叙说，然后告诉孩子：“原来你是这样想的，妈妈知道了。那你现在能想一想，怎么做对我们两个都好吗？”让孩子自己决定后续事情，孩子就愿意将父母的感受考虑其中，若想不出来时，便会寻求父母的帮助，而这时候，父母再说一些建议，孩子就更乐意接受。

拥抱能帮孩子镇定情绪

在这个世界上，最能令人获得温暖的就是拥抱。不开心的时候，如果有人能拥抱自己，即使遭受风雨也让人满怀柔情。

场景回放

甜甜因为犯错被爸爸责备而不理爸爸。大概僵持了半小时，甜甜突然问：

爸爸，你是不是不爱我了？

怎么会不爱你呢？爸爸一直都很爱你。

可是甜甜听到这话，表情依然很忧郁。直到爸爸抱起甜甜，轻轻拍着她的背说：

爸爸会永远爱你。

甜甜才露出开心的笑容，并为刚才的过错向爸爸道歉。

场景解析：

对于叛逆期的孩子来说，父母给的语言安慰和关心无足轻重。尤其当孩子被负面情绪包裹时，父母说得越多，孩子也就越不安和浮躁。有时会抗拒父母喋喋不休地讲道理，哪怕是关心的话，也会要求父母别说了。

当孩子情绪低落的时候，即使父母言语表达得再好，其感染力也不会达到预期效果。所以才会出现很多令父母费解的情形：当孩子不开心时，父母讲笑话、用玩具哄、用好吃的引诱……孩子仍然会被负面情绪影响很长时间。

看到孩子因为恐惧发抖、因为委屈偷偷抹泪、因为不开心郁郁寡欢时，做父母的总想帮孩子纾解情绪。可是，究竟有什么办法能直通孩子的心灵，有效稳定他们的情绪呢？

一位儿童心理学家说过："对于小孩子而言，没有什么是父母的一个拥抱解决不了的。"

在心理学上，拥抱对安定情绪起关键性作用，有时一个简单的拥抱就能化解所有矛盾。就像不开心的人抱住毛绒玩具，其苦闷的情绪会慢慢得到安抚一样。父母与孩子之间的拥抱是带着温度和感情的，肢体碰触间，孩子从父母那里获得是不容置疑地肯定、爱意和信任，这会让孩子心底泛起暖意，进而融掉那些负面情绪。这种感觉不是任何玩具或食物能够替代的，更不是一句"父母很爱你"就能让孩子感同身受的。

拥抱会让孩子与父母之间产生依恋。当父母拥抱孩子时，孩子会感到极大的满足和安全感，充斥于心的是快乐和幸福。

拥抱是父母和孩子之间最好的情感沟通方式。一个温暖的拥抱能让孩子感受到来自父母的爱，从中获得足够的安全感和归属感。

给父母的建议：

父母要带着爱意去拥抱孩子，不要试图盲目安慰。因为叛逆期的幼儿非常敏感，你的主观意图不同，他们捕捉到的情感也会不同。

❶ 孩子因疼痛哭闹时，用拥抱代替言语安慰

当孩子出现情绪问题，比如因为磕碰而哭泣时，父母不要想怎么开口劝告或安慰，想得越多越忍不住讲道理。这时候，父母只需要温柔地抱住孩子，轻轻拍着他的背。几分钟后，孩子就能平静下来。

❷ 早、晚要拥抱孩子

用拥抱的方式帮孩子稳定情绪，并不是只有当孩子出现负面情绪时才要实施。拥抱对负面情绪的安抚作用其实是有延续性和持久性的。一个经常被父母拥抱的孩子，他的抗挫能力和不受情绪干扰能力会更强。所以，日常生活中父母也要多拥抱孩子。

早晨醒来时给孩子一个暖心的拥抱，对孩子说“宝贝，早上好”，对孩子而言这将是元气满满的一天。

傍晚下班看到孩子时给孩子一个拥抱，然后说“宝贝，妈妈好想你”，哪怕孩子今天有不开心的事，也会因为这个拥抱而化解。

晚上睡觉前再拥抱孩子一下，与孩子道声“晚安，亲爱的”，孩子连睡觉都会是甜甜的。

日常拥抱能够给孩子提供源源不断的能动力，让孩子变得开朗、活泼、自信、阳光。有这些能量在，孩子就有抵消一切负面情绪的能力。所以，不要吝啬于拥抱孩子，因为父母每一个爱的抱抱都会给孩子力量。

孩子发泄情绪，该如何引导

孩子在合理范围内有发泄自己情绪的权利。但当他们出现对人对己都不利的过激行为时，就需要家长的介入与正向引导。如果孩子长期无法通过正确的方式掌控心态，就必然会沦为不良情绪的奴隶。

场景回放

大街上，一个四五岁的小男孩儿正用力咬着妈妈的手臂。周围有人过来帮忙劝说，可孩子就是狠狠咬着不撒手。妈妈虽然很疼，却对上来劝阻的人说：

没事，一会儿孩子撒完气就松口了。

随后，妈妈对孩子说：

孩子，都是妈妈的错，你原谅妈妈好吗？

可孩子听了后无动于衷，然后妈妈又说：

行，只要你能出气，你就用力咬吧！

场景解析：

有孩子的家庭都会出现孩子因为情绪不稳而乱发脾气的情况，其中，孩子发脾气的方式也各有不同，有的闷头拒绝交流、有的乱扔东西、有的会跟父母动手、更严重的则是自残，如用头撞墙、咬破手指等等。为何孩子会一而再再而三地用这么激烈的方式宣泄情绪呢？因为他们知道父母在意。

孩子用摔玩具的方式发泄怒气后，却意外发现父母比以往更加关心自己，由此孩子就想当然的认为自己的做法是对的，因为摔玩具后，孩子从父母那里获得的是鼓励和暗示，鼓励他们每次不开心时都可以摔东西，暗示他们可以用摔东西的方式获得父母的关注，而这种错误的行为一旦开始就会变本加厉。

所以，很多时候是父母无意间助长了孩子的错误行为，并导致这些行为不断升级。那些长大后一生气就选择封闭自己、不言不语的冷暴力者，通常是幼时那种一生气就爱蒙进被子里不愿交流的孩子。一个不好的习惯若不修正是会影响孩子一生的。因此，比起让孩子一味发泄，更重要的是教会孩子宣泄情绪的正确方法。

在孩子处于学习良好行为的最佳时期，父母尚有时间和精力去纠正孩子不妥当的宣泄方式。当看见孩了有极端行为时必须重视起来，不能视而不见或放任孩子肆意发泄。

孩子小时，有些父母常用简单粗暴的方式压服孩子，因为这是最快速有效的办法。表面看孩子是变乖了，但实际上孩子的不良情绪不仅没有得到释放反而更加压抑了。养育孩子需要的是陪伴而不是控制。要尝试与孩子共情，用正向力量引导孩子改掉坏习惯，这样的教育才能起到一本万利的作用。

给父母的建议：

父母都很心疼孩子，在看到孩子痛苦时常选择无条件“投降”，满足他们的所有要求。但这种屈服只会诱使孩子用不正确的方式宣泄不良情绪，他们会认为这是制胜的法宝，从而变本加厉。

❶ 给孩子提示，启发孩子思考，让孩子走出情绪漩涡

当孩子因为做不好一件事而心情沮丧，甚至摔打东西泄愤时，父母不要伸手帮孩子把事情做好。孩子之所以沮丧，是因为他觉得自己太笨了，怎么做都做不好。父母代替孩子做好，并不会让孩子体会到真正的快乐。最好的方法是父母给孩子一点点提示，让他亲自找到可以解决问题的办法，并动手去做。这样一来，孩子的不良情绪就会得到疏导。

❷ 消耗体力是不良情绪的分解剂

父母要带着孩子多做运动，比如跑步、跳绳、打羽毛球等等，每次带孩子运动完后，要问孩子一句：“开心吗？”孩子会说：“好开心。”然后父母给出定义：“不开心的时候可以运动，运动过后就会变得很开心。”这句话会根植在孩子心里，每当孩子出现不良情绪时，首先想到的就是靠有趣的运动发泄。因为消耗体力就是对情绪最好的宣泄。

❸ 孩子不开心时，带着孩子一起放声歌唱

当孩子难过的时候，父母可以带着孩子唱歌，大声地唱，不用管声调准不准。此时所有不良的情绪都会随着呐喊声消散在风里。

作为父母，我们能教会孩子的东西始终是有限的，但孩子的未来却藏在父母一点一滴的养育里。当孩子需要时，父母就是他们最好的指引者。而正确的情绪宣泄方式，会让孩子受益一生。

怎样鼓励孩子说出内心的想法

再郁闷的人，也会因为一场酣畅淋漓的诉说而得到释放。而小孩子同样需要把压抑在心里的想法说出来。

场景回放

幺幺坐在凳子上生着闷气。

幺幺怎么了，不开心吗？

幺幺嘟着嘴不说话。

好吧！你不想说，让我猜一猜。是不是哥哥抢你的东西了？

不是。

没猜对？爸爸再猜，那是妈妈批评你了？

爸爸实在猜不出来了。你告诉爸爸可以吗？

我放在桌子上的公主小贴画不见了。

场景解析：

孩子不开心时，有些父母会选择置之不理，总觉得小孩子的事都是小事，再不开心过个一时半会儿也就好了。有些父母会适当关心下孩子，询问孩子发生了什么事，但是看到孩子不想说，就以“尊重孩子”为理由不再询问，然后不了了之。

孩子心里有想法时都会表现在脸上，但真正能主动与父母交流的却不多。如果孩子不说出来，那些想法在心里憋久了就会衍生出很多负面情绪，比如犹豫、害怕、恐惧、怨恨、嫉妒、压抑等。

网上有位妈妈分享说：

我的孩子突然要换幼儿园，然后换了一家又一家。直到换第四家时孩子才说原因，原来前三家幼儿园里都有一个比较霸道的小朋友。他在第一家幼儿园时，就经常被那位霸道的小朋友吆喝着做事情，所以他心里总害怕。我现在好后悔当初没有跟孩子好好沟通。

把不开心的事默默地藏在心里，成年人亦可知道其中的滋味有多难受，可是，至少成年人会找最好的朋友或亲人去诉说一番，心里话都说出来也就畅快了。而小孩子却只会将那些事情憋在心里，备受煎熬，因为他们不懂什么是倾诉。

有的孩子习惯了父母的安排和指责，他们会把父母的话当成命令，但又反感父母喋喋不休地数落。所以，当自己遇到难以解决的事情时，他们想到的不是找父母谈一谈，而是担心自己说了也许会换来父母的批评、忽视或嘲笑。于是很多孩子宁愿隐忍也不说。

作为成年人，我们清楚身边有一个倾听者多重要。作为父母，我们都希望孩子对自己无所隐瞒，只有掌握了孩子的喜怒哀乐，才能更好地去引导他们。可是，只有当孩子愿意说，想说的时候，倾听者才能打开孩子心扉，驱散纠缠孩子的坏情绪。所以，父母要先鼓励孩子说出内心的想法。

给父母的建议：

孩子不开心或有心事时，想让孩子说出内心想法，父母首先要学会倾听。所以，无论多忙都应以孩子优先。

① 让孩子感受到父母的诚意

摆出最轻松最真诚的姿态，让孩子切身感受到父母正在全神贯注地看着他，并用温和地语调问孩子："妈妈看你有些不开心，能告诉妈妈发生了什么事吗？"如果孩子有不想说的势头，可以这样说："妈妈不开心的时候，常常把心里的想法说出来，等说完了，妈妈心里就舒服多了。就像吃了一嘴棉花糖，心里会甜滋滋的。"父母把话说到这里，多数孩子会动摇，并愿意讲述心里的想法。

② 用撒娇模式打开孩子的话匣子

会有一些性格倔强的孩子怎么都不愿说出心里话。这时，父母可采取撒娇模式，搂着孩子的胳膊，边摇边撒娇道："你说嘛，妈妈很想听的，快点儿说嘛！我特别特别想知道。"基本上，没有孩子能逃过父母的撒娇攻势，虽然表现得一脸无奈，但依然会将心里的想法说出来。

③ 安静倾听孩子的诉说

在孩子说内心想法时，父母不要急于发表意见，要先听，听孩子叙述完。等孩子说完之后，父母要抱一抱孩子，然后说："你能把心里话说给妈妈听，我很开心。妈妈理解你的想法，你已经做得很好了。现在你心里还那么难过吗？"不管孩子是无声点头还是掉起眼泪，统统说明孩子心里的负面情绪已经被纾解了。

为什么不要对孩子说“乖，不哭”

有些绑架是无声无息的，就像这句“你是乖孩子，不哭”，它像从深渊里伸出来的一根绳子，慢慢将孩子拽进没有光的地方。

场景回放

多多需要抽血化验，孩子看着医生拿针，吓得有些发抖。妈妈赶紧说道：

不哭啊！多多最乖了，咱不哭。

抽完血后……

妈妈，我没哭，我乖吧！

妈妈引以为傲地点点头。可是，妈妈却没有看到多多低下头时委屈的嘴角。

多多是最勇敢的宝宝，我们家多多是最棒的！

多多点点头，用了很大的力气才把眼泪憋回去。

场景解析：

在过去，抑郁这个词只属于一些成年人。而如今，儿童患抑郁症的例子却越来越多。

好好一个孩子，为什么会变得抑郁呢？其中一个主要原因就是孩子情绪的不断压抑。有时候，父母为了防止孩子成为一个动不动就哭闹的人，总会对孩子灌输一些特定思想，其中“你是乖孩子，不哭”是最常用的也是最有效的。但这么一句极其简单的话，其背后隐藏的暗示却非常可怕。

当孩子因为不小心摔倒了而哭闹；因为玩具被别的小朋友拿走而哭闹；买不到自己喜欢的东西而哭闹……只要孩子哭闹，有些父母就用：“你是个乖孩子，不哭哦！”来劝慰孩子，而孩子们为了成为父母口中的乖孩子，会强制收回眼泪然后破涕为笑。父母为此感到欣慰，顺便夸道：“你真棒，真乖！妈妈爱你。”孩子更开心了，抱着妈妈的头亲昵地献吻。但实际上，孩子的负面情绪并未得到疏解，他们只是在假装开心，假装忘记不好的事情。

为什么“你是乖孩子，不哭”会有这么大的效果呢？因为这句话关乎的是孩子的自尊以及能否得到父母的认可。孩子对父母的爱往往表现在达成父母的期望上。所以，当父母用“乖”来作为期望时，孩子就会为了变乖不得不强迫自己隐藏所有情绪。而这句话就像是个“绑架犯”，凌驾于孩子的品行之上，不允许孩子做出任何反抗。直到有一天，孩子变成一个木讷的人，不喜欢笑也不喜欢哭，遇到任何事都忍着受着。就这样慢慢成了一个抑郁的人，感受不到希望，更体会不到阳光。

“妈妈，我不哭，我是不是很乖？”当父母听到这句话时不觉得心酸吗？就为了变乖，孩子成了一个压抑自己情绪而去讨好别人的示弱者。所以，父母别再对孩子说“你是乖孩子，不哭了”，这句话不是爱，而是一个披着虚假光环的圈套，不允许孩子体验或表达情绪。长此以往，孩子会认为自己感受到的难过、伤心是错误的，从而变得不愿直面自己的真正情绪。

给父母的建议：

孩子哭是在表达自己的负面情绪。而哭并不是什么坏事，孩子对各种情绪体验得越多，他们的心理发展和心态建设就越成熟。从儿童心理发展的角度来看，孩子每一次强烈的情绪表达都是一次很宝贵的经验。所以，别再阻止孩子哭，更别对孩子说："你是乖孩子，不哭"。

❶ 在不影响他人的情况下，允许孩子哭

如果孩子哭了，在不影响他人的情况下父母可以这样说："哭吧！大声哭出来，妈妈会一直陪着你。"先让孩子尽情地、放肆地哭出来，等孩子哭完之后，心情自然能得到修复。

❷ 让孩子知道，哭是正常表现

在疼痛、恐惧、不安时，孩子哭是正常表现。这时，父母要站在孩子的角度做到感同身受，然后说："害怕是正常的，疼也是正常的，想哭就哭吧！没关系的。"当孩子知道父母能感受他的痛苦，知道他的心里有多抗拒时，他内心的不安情绪就会减半，即便是哭也不会是无节制地哭。

❸ 孩子委屈时，允许孩子哭

孩子受了委屈后，哭是对情绪的释放。父母不用在这时候安慰孩子，因为受委屈的孩子听不进任何劝告，他们只想用眼泪把内心的感受宣泄给别人看。父母要透过孩子的眼泪了解孩子的感受，然后抱着孩子说："我知道你很委屈，哭吧！哭出来会好受些。"当孩子明白父母知道他的感受，这种委屈的情绪就会尽快消散。

总之，无论什么原因，父母要允许孩子哭，而不是把乖孩子和哭捆绑在一起，它们之间不存在任何等量关系。

第五章

如何对叛逆的孩子说“不”

孩子叛逆，为何不能以暴制暴

教育实践家苏霍姆林斯基说：“皮鞭不只会降低孩子的尊严，也会毁损孩子的心灵，会在心灵中投入最阴郁、最卑鄙的阴影：畏缩、怯懦、仇视人类和虚伪。”

场景回放

妈妈喊希希吃饭，希希不耐烦地说：

没看见我在玩吗？等会儿再吃。

爸爸夺过希希的手机，吼道：

别玩手机了，去吃饭，没听到妈妈叫你吗？

希希吓了一跳，然后就踢了爸爸一脚。

爸爸将手机狠狠摔地上，用更大的声音喊道：

从今往后，别再让我看到你玩手机。

希希看着被摔烂的手机，气得握紧了拳头。

场景解析：

谁的家里没有一只爱发脾气的“小怪兽”呢，但是有些父母就喜欢用以暴制暴的方式教育孩子。当然，效果是有的，毕竟小孩子也懂得趋利避害，只是这个效果是暂时的，而给孩子造成的心理伤害却是永久的。

当孩子发脾气大喊大叫时，父母用更尖锐刺耳的吼声训斥孩子，孩子看似瞬间变乖了，其实他只是用恐惧、害怕和不安压制了内心。时间久了，隐忍就会成为孩子性格的一部分，其表现就是言行懦弱、不敢于表达。

还有一些父母依然信奉“棍棒”式教育，他们担心纵容会让孩子变成一个不懂尊卑又自大自狂之人，于是就想用打骂的方式让孩子收敛。可是，打骂久了，孩子并未如预期那般成为一个温顺的人，反而变得越来越皮，并常常故意挑衅父母。而那些在打骂中进入青春期的孩子，多数会将这种暴力行为转嫁到别人身上，因为父母从小就教会了他们以暴制暴的能力。

陶行知先生说过，体罚是权威制度的残余，在时代的意义上说它已成为死去的东西；它非但不足以使儿童改善行为，相反地，它是将儿童挤下黑暗的深渊。

以暴制暴无法扭转孩子的叛逆，反而会让叛逆的心思越来越重。简单粗暴的教育方式，只会给孩子传递一条错误的价值观，即：人人可以为所欲为，想做什么就做什么。所以，有特别多的孩子从刚懂事起就盼着快快长大，因为长大了就预示着自由了，这种心理会促使孩子对成年人的世界产生盲目的崇拜。

心理咨询师魏菱认为，父母是决定孩子叛逆心强弱的关键。因为父母掌握着孩子成长中最重要的两个因素：遗传和环境。遗传已是注定，但家庭氛围的好坏以及与孩子交流的方式却是父母可以控制的。叛逆期是孩子成长的必经之路，如何让叛逆的孩子心平气和又心甘情愿地接受引导才是父母教育孩子的真正目标。

给父母的建议：

当孩子出现叛逆的表现，比如大喊大叫，跟父母吵架，甚至要动手的时候。父母不要受孩子的情绪影响而失控，若在此时与其发生争执，难免最终演变为以暴制暴的局面。

① 忍住不前，换个人来替你上场

当你和孩子的情绪都快达到极限时，趁自己理智尚存的时候赶紧离场，让另外一个人来处理孩子的事情。比如，妈妈不同意孩子的想法，孩子因此大发雷霆，又哭又吼，妈妈的情绪也在剧烈浮动。这时，妈妈就不要再跟孩子交涉，赶紧跟爸爸交换，让他来处理接下来的事情。妈妈一旦离场，孩子就失去了情绪的指向者，对爸爸的建议就更容易接受些。

② 用理解代替“暴力”

叛逆的孩子往往会因为没有人理解他而感到痛苦，所以，要想情况不会变得更糟糕，就要告诉孩子你理解他。

比如，得知孩子在幼儿园打了别的小朋友。父母应该先与孩子沟通，满怀爱意对他说：“我知道，你一定有自己的原因，现在只有我们两个人在，你愿意把原因告诉我吗？”父母的理解会成功软化孩子的叛逆情绪，让他愿意说出实情。了解情况后，如果是孩子的问题，就带着孩子一起向对方道歉。如果不是孩子的问题，则一定要站在孩子身边，给孩子“撑腰”。

孩子的肢体和言语暴力都一定事出有因，上来就以暴制暴是治标不治本的方式。要想轻松化解孩子的暴力倾向，往往就看父母是否有耐心先稳住自己，做到不吼不叫，用非暴力的方式与孩子对接。

批评前，一定要听听孩子的解释

孩子犯了错，父母不听孩子解释，不分青红皂白就一顿指责，往往是把孩子送向对立面的最强“助攻”

场景回放

妈妈走到客厅，看到满地水，还泛着泡沫，顿时火冒三丈，冲着球球喊道：

这是不是你弄的？

球球害怕地点点头，妈妈，我……球球话没说完，妈妈就打断了他：

你给我记住，以后不许在客厅里玩水，回你的屋子里去。

可球球回屋里后，委屈地哭了好久。

场景解析：

发现孩子做了一件极不讨喜的事情后，父母的第一反应是先训斥孩子，然后要求孩子不许再犯同样的错误。看到孩子默不吭声，便认为已经达到了目的。大多数父母认为教育孩子就需要雷厉风行，不可以的事情就是不可以，没有商量的余地。然而父母越武断，孩子就越委屈越不服气。

孩子不会无缘无故去做一件事情或想要一件东西，如果父母只看结果或者只按自己的想法去操控孩子，这种忽略孩子自主意志、漠视孩子人格权利的行为这会让孩子心里非常不舒服，然后加重叛逆的心思。所以，为什么有那么多孩子越大越不喜欢跟自己的父母交流呢，其中一个主要原因就是父母的武断，他们从来不关心自己为什么要那么做，也不关心自己的真实想法。

有些父母会问孩子为什么要这么做，正当孩子要解释的时候，父母又紧跟上一句“你除了糟就是糟，还能有什么”，结果，孩子想敞开的心扉瞬间又闭合了，而且在闭合的瞬间会迸发出更强烈的恨意和愤怒。随之而来的或是沉默，或是咆哮式的怒吼和抗议。可即便孩子吼完安静了，内心的愤恨值依然不会消失，因为问题一直存在，并没有得到妥善解决。

没有任何一个父母愿意看到孩子与自己渐行渐远，其实，想要让孩子放下不满和怨恨，心平气和地接受自己的建议并不难，只要在惯性开口指责前先让孩子说出前因，让他知道自己愿意听他诉说，孩子在得到尊重和认可的前提下就会对父母产生依赖和佩服感。

给父母的建议：

聪明的父母平日里在跟孩子相处时，从来不会一味指责而不问缘由。无论孩子做了什么，或想要做什么的时候，父母的态度是决定事态发展走向的根本因素。倘若父母能够先付出耐心，认真听孩子说一说原因，事态的控制权就还在父母手里。

① 孩子行为反常，先问原因

比如，当孩子吸溜吸溜吃饭吃得特别快的时候，有的父母会直接打断孩子：“吃饭不可以吃这么快，也不能发出太大的声音，否则显得没教养。”孩子听到这样的话，面上也许没什么表情，但心里多少会有些不开心。而聪明的父母会先问：“怎么吃这么快？是有特别急的事情吗？”孩子高兴地说：“我得赶快吃，吃完还要给我的小花猫唱歌呢。”

当孩子大大方方地说出原因，就等于把父母当做自己最信任的人，而沟通的桥梁此时就已经被搭建起来了。这时候，父母再说出建议：“我也想给小花猫唱歌听，但是吃饭要细嚼慢咽，如果吃太快，伤到嗓子了，就没办法唱歌了。”在尊重和关爱下获取的建议，孩子是非常乐意听取的。

❷ 用温柔和支持打开孩子的嘴

光问为什么，孩子未必肯开口回答，有时候孩子支支吾吾不敢说，是因为担心被父母责备。这时，父母要温柔地告诉孩子：“你告诉妈妈为什么，只有这样妈妈才知道该怎么支持你呀。”父母对孩子的态度越温和，孩子就越有勇气张嘴说。

❸ 先认可孩子的原因，孩子更乐意听

孩子愿意说出原因，就说明他对父母抱着极大的信任和期待。这时候，父母要先认可孩子的原因。比如，孩子想吃冰淇淋，是因为冰淇淋太好吃了。父母可以这样回：“嗯！冰淇淋是特别好吃，我也很爱吃。”认同孩子的原因，才能更快得到孩子的认可。然后父母再说出为什么不可以吃，孩子就不会有太大的抵触情绪。

为什么不能对孩子随意编理由

父母说谎的理由可以有千千万，但再善意、无伤大雅的谎言也会使孩子失去信任感。在这种负面行为潜移默化的影响下，孩子的人格走向一旦偏离正确的轨道，就不是编织一句话能够拉回正轨的。

场景回放

短视频中，几个警察围着一个爸爸，而一旁一个五六岁模样的小女孩儿，盛气凌人地说：

警察叔叔你们把我爸爸带走吧！他总是说谎话骗我。

爸爸无奈地说道：

宝贝，爸爸不是故意骗你的。

小女孩儿生气地哼道：

你每次都这样说，我不信。

场景解析：

事情的起因是爸爸以肚子疼为由拒绝陪女儿去超市，小女孩想到爸爸每次拒绝她时都这样说，便认为爸爸是在撒谎，于是偷偷拿了手机报警。而小女孩之所以报警，是因为过去她说谎话时，父母告诉她：“不能说谎，说谎话是要被警察叔叔抓走的。”

看到这样的场景，不免让人觉得哭笑不得，这对父母对女儿的教育简直就是搬起石头砸自己的脚。有人留言说：“这位爸爸也属实笨了些，就不能编个靠谱点的理由吗？”其实无论编什么理由，敷衍就是敷衍，幼儿时期的孩子既敏感又较真，又怎么会看不出父母的用意呢？

这世上从来没有最好的借口，只有不负责任的态度。父母自以为完美无缺地编出了一个驳回孩子的借口，却意识不到这种行为实际上会对孩子造成深远的影响。因为随便编的理由往往最没有说服力，孩子只会觉得父母很不讲理，明明就是不想答应，还给自己找正当理由。最后，孩子只好把所有委屈和暴躁的情绪吞进肚子里慢慢消化。

而且，当父母以为编理由不过是缓兵之计时，孩子就已经将“不想做就找理由拒绝”这种错误的观念刻印在了脑海里。有时，孩子以为撒谎就能逃避责任，这其实很大程度上是受了父母影响。

此外，父母不经意间编的理由还会给孩子传递错误的价值观。比如，当孩子看上一个价格并不高的玩具但父母却以太贵为由拒绝购买时，他们会认为自己是因为贫穷而不配拥有喜欢的东西，一旦这样的认知形成，孩子不仅会自卑，还会形成错误的金钱观，从而影响孩子的人格走向。

所以，父母千万不要再因为孩子年幼，就总是随便编理由去搪塞孩子。要知道，千里之堤毁于蚁穴，孩子的教育问题一直都源于细节。随便编的理由往往会脱离实际，从而带偏孩子的认知。所谓欺人只是一时，真诚才是长久之策。家长与其编造谎言还不如坦诚直言让孩子学会接受。

给父母的建议：

父母总以为孩子小，搪塞几次没有关系，可搪塞的习惯一旦形成也是很难改的。毕竟习惯走捷径的人就很难再去绕远路。所以，父母必须先意识到这一点，然后纠正自己的言行。

① 累的话，就直接告诉孩子

有的父母会说："我工作回家后特别累，孩子却非要拉着我陪他玩玩具，如果不编个理由，真不知道该怎么拒绝孩子呀！"

如果实在太累，父母完全可以坦诚告诉孩子："宝贝，妈妈今天太累了，只想休息。"就算孩子闹，顶多是哭一哭或打个滚，只要父母态度坚决，孩子闹过之后就会回过头来为父母想一想。慢慢地，孩子就能理解父母并知道心疼父母。

② 多问几个"怎么办"，让孩子自己找到答案

有时，孩子的要求会很突然，父母猝不及防，不知该怎么回应。这时，父母可以用提问的方式先缓一缓。

比如，孩子突然不想去幼儿园了，妈妈可以问："如果你不去的话，老师点你名字，你不在怎么办呀？"或者"如果老师要带着小朋友们一起做游戏，你错过了，怎么办呀？"

与其找理由逼孩子去幼儿园，倒不如多问几个怎么办，孩子就会不自觉地思考"是呀，怎么办呢？"最终，孩子会回归到问题本身，得出一个结论：只要去幼儿园，就可以了。

如何合理拒绝孩子

“有理走遍天下，无理寸步难行”。拒绝孩子时，若理由不够充分，同样会竹篮打水一场空。

场景回放

妍妍对妈妈说，她想吃蒸乳酪。但妈妈却一脸不开心地说：

我现在心情不好，你最好去一边玩会儿，不要跟我说话。

妍妍被妈妈严厉的表情吓得愣住了，然后去别的屋子里偷偷抹眼泪。

场景解析：

父母拒绝孩子的方式各种各样，有的父母会用其他东西哄孩子转移他们的注意力；有的父母全凭心情，开心时答应孩子，不开心时就用武力或言语威胁孩子；有的父母则干脆丢给孩子一个没有温度的眼神……总之，在拒绝孩子合理的或不合理的要求时，大部分父母都是先抱着要让孩子立刻放弃的念头，却很少深思，如果拒绝方式不合理，是否会对孩子造成伤害。

孩子说："我不想吃饭，我不饿。"父母答道："不想吃饭可以，以后都别吃了，零食、饮料、糖果、饭菜都没有了。"孩子听到父母这样说，就只能低头乖乖吃饭。父母认为这样的方式很有效果且屡试不爽，殊不知孩子的心里已经堆满了反抗情绪，随时都有爆发的可能。用带有威胁性的言语去拒绝孩子是对孩子自我意识的捆绑。长此以往，孩子会失去安全感和独立性，时常变得不安、紧张和焦虑。

叛逆期的幼儿是最想拥有选择权和主动权的，当孩子一旦意识到自己在父母面前什么权利也没有的时候，他们叛逆的心思就会越来越重，甚至不停地找机会试探父母的底线。这就是为什么有时候父母越拒绝孩子，孩子不合理的要求就越多的原因。

面对孩子在日常生活中的请求，家长无非是答应或者拒绝。答应了孩子自然高兴；不答应的话就必须要找一个合情合理的理由去拒绝孩子。不要因为疲于应付，就忽略孩子的感受。当孩子问："爸爸，你周末能带我出去玩吗？"父母默不作声的话会让孩子感到心灰意冷。不给解释，孩子就很难理解父母的想法，不能理解，就只剩下自我否定和封闭内心。

给父母的建议：

父母拒绝孩子时的理由一定要合理，所谓合理就是有理有据、合乎情理，同时还要浅显易懂。

❶ 提醒的次数多了，理由就会合理化

比如，孩子在家里总咋咋呼呼的，一刻也闲不住，父母可以说："你跑来跑去，大喊大叫会吵到周围的邻居。所以你的动作要慢一些，轻一些，好不好？"有的父母认为这样说没用，因为提醒了以后根本没有效果。其实任何合理的理由都不可能立竿见影，要懂得坚持。父母提醒的次数多了，这些话就会在孩子脑海里形成一个概念：我这样做会影响到很多人，我不能不考虑别人的感受。

2. 拒绝孩子也讲究“天时、地利、人和”

（1）所谓“天时”，在这里是指拒绝的时机。

当孩子提出要求时，父母不要立刻拒绝孩子，而是先让孩子把自己的要求表述完整，然后父母要让孩子感受到他们已经知道他的具体诉求。等到孩子的精神松弛下来时，父母再给出合理的拒绝理由。

（2）“地利”用在这里是指拒绝孩子时的环境

父母尽量不要当着第三者的面去拒绝孩子。如果在公共场所，父母应带着孩子去一个相对安静的地方。单独面对面地与孩子交流，这样既保护了孩子的尊严，又能减少噪音对情绪的干扰，交流起来会更有利。

（3）“人和”是指父母拒绝孩子时的态度

如果父母态度过于冷漠或严肃，哪怕拒绝的理由再合情合理，其效果也会大打折扣，因为孩子的注意力会受父母的情绪影响。所以，父母在对孩子讲述理由的时候要蹲下身子看着孩子的眼睛，用轻松的语态和真诚的言语说给孩子听。父母态度柔和，孩子的情感依赖被提升，就更容易接受这种委婉的拒绝。

不管孩子提出什么要求，如果父母不想答应，或者没办法做到，就请给孩子一个合情合理的理由。孩子虽然年幼，但已经有了基本的判断能力。哪怕被拒后心理不好受，也不会因为欲求不满而生出逆反心理。

延迟满足究竟怎么用

把糖立刻放进孩子手里，与把糖放在几米远的位置让孩子自己去取，后者给予孩子的鼓励和幸福感要远大于前者。

场景回放

小杰对着妈妈又哭又闹，妈妈生气地说道：“妈妈的手机没电了，付不了款，就不能等下次再买吗？”

我不要等下次，我就要你现在给我买。

平日里你要什么妈妈都会立刻买给你，就这一次不行好不好？

不好！

场景解析：

孩子有什么需求父母都立刻满足，这样的关爱看似会让孩子健康快乐地成长，但实则不然，迅捷的满足感就如同暴饮暴食，来得快去得也快。而孩子为了获得快乐，欲望就会越来越多，胃口也会越变越大，耐心则会越来越少。

“即刻满足”会降低孩子的抗挫能力，这里的抗挫能力指的是对需求和欲望的抵抗和自控能力。抗挫力差的孩子一得不到满足就立刻变得暴躁不安，对看到的所有人或事都产生仇视心理。也许这样说父母们会觉得过于极端化，但事实就是如此。

在一个真实案例中，就因为一个超市管理员拒绝小男孩儿将饮料带入超市，小男孩瞬间暴跳如雷，将饮料砸向管理员，甚至扬言要让父母把管理员怎样。虽然这件事最后私下调解了，但小男孩儿自始至终都认为自己是对的。

快时效去满足孩子其实会降低他们的幸福指数。毕竟孩子总是要离开父母独自一人融入社会的。或者说，孩子从上幼儿园开始，跟别人相处的时间会越来越多。而孩子们之间都想追求一个平衡，不会为了满足别人就委屈自己。如果孩子不会处理自己的不满情绪，就很容易和其他小朋友产生摩擦，幸福感就会一而再地受挫。

在对孩子未来人生的设想中，父母最简单的诉求就是希望孩子健康、幸福、快乐。但这一切都以情绪为中心，而情绪又主要受欲望的支配。所以，我们最终还是要回到满足欲望的问题上来。如果父母能把满足孩子的时间延后，就能让孩子一点一点变得自律，人只有挣开对欲望的过度渴望才能实现精神世界上的自由。

给父母的建议：

何为“延迟满足”呢？当父母准备答应孩子一件事情时，不要做出即刻生效的行动，要把兑现诺言的时间稍微往后拖一拖，让孩子有一个等待被满足的时间过程。能耐心等待的人往往是最自律的，因为等待本身是对欲望最大的克制。

❶ 给孩子建立等待意识

越小的孩子越没有“等待”意识，所以父母若想把满足延后，就需要先帮孩子建立“等待”意识。

当孩子喊“妈妈，你过来一下”时，如果孩子只是单纯需要陪伴的话，妈妈可以这样回：“你从一数到十，妈妈就过去了。”

需要注意的是，孩子年龄越小等待的时间就得越短。所以，父母即不要过于心急，也不要一开始就把等待的时间设得太长，如果孩子在等待过程中发脾气或恼火了，他们就会对等待这个行为产生消极情绪，认为等待是件不好的事情。

❷ 用奖励计划辅助“等待”的实施

如果孩子对延迟等待有些动摇，父母可以适当做些奖励用以辅助。比如孩子想出去玩，父母答应孩子下周可以满足他这个要求，但孩子一直犹豫，就是想尽快出去玩。父母可以这样说：“如果你能等到下周，爸爸妈妈除了会带你去玩，还会送你一个神秘的礼物哦。如果你现在就要出去玩，那个神秘的礼物就没有了。”这一点恰好抓住了孩子的猎奇心理，为此，大多数孩子是乐意等上一周的。

❸ 用固定习惯锻炼孩子的等待意识

平日里，父母也可以给孩子设定一些固定的生活习惯。比如，孩子喜欢听故事、读绘本，父母可以答应孩子，每天晚上的几点到几点可以陪着孩子一起读故事；孩子喜爱吃一些小零食，那就和孩子计划好每隔2天或3天可以吃一次零食。

此外，还可以给孩子准备一张大日历，让孩子自己去划日期，这样，孩子在参与的过程中既有了目标，又随之锻炼了自己的决心和毅力。

孩子不听劝阻怎么办

无知者无畏，才会一脚跳进深潭。如果有人告诉他水深危险，也许他就会绕道而行。

场景回放

山山玩电子游戏时要求妈妈在游戏商城里充值点钱。妈妈直接回绝。

不行，玩游戏可以，但不能在游戏里花钱。

山山见妈妈不同意，就趁妈妈不注意时偷偷用妈妈的手机付了款。等妈妈看到付款通知和扣款事项时，顿时气炸了。

场景解析：

为什么拒绝了孩子的不合理要求之后，孩子还是会一意孤行呢？

先打个比方，你对上司说这周想要休息两天，上司只回道：“不行”，你就能轻易打消念头吗？显然不会，只会另找时机寻个理由再去请假。如果上司这样说：“眼下的项目比较着急，一旦做成功将关乎你的业绩和薪资。”听到这样的解释，你一琢磨：“是呀，这种时候如果走了就得不偿失了啊！”就这样，你意识到自己的需求是不理智的，然后主动放弃。

同理，孩子之所以耿耿于怀，是因为他们意识不到这个要求是不合理的。如果父母只是一而再再而三地直接拒绝孩子，孩子在不能反抗的情况下要么忍气吞声，要么另辟蹊径。只要孩子得不到满足，这个欲求就成了一个过不去的坎儿被反复提及。

要想让孩子心甘情愿放弃请求，父母就不能只是简单地告诉孩子不可以，而是要告诉孩子究竟为什么不可以。让孩子了解具体原因，孩子才能透过现象看到本质。

一个对自身欲望有克制力的孩子，往往是因为他能想到这个欲望本身会给自己带来哪些弊端和损耗。比如，一个孩子想要熬夜看动画片。当他刚有这个念头的时候，就想到熬夜可能会让自己休息不好，明天就不能准时去幼儿园，迟到了会被老师批评等一系列后果。于是就打消了继续看动画片的念头，准时上床睡觉。而这些逻辑的建立，完全来源于父母平时对孩子的引导。当孩子滋生出一个念头，又能够非常理性地分析出这个念头是否合理时，就说明孩子拥有很好的内驱力，遇事不会简单粗暴地张扬个性，而是先深思或自我反思。

给父母的建议：

如果想让孩子明白自己的要求不合理，父母就不要先带着批判性的眼光去看待孩子的请求，因为批判本身会令父母的情绪、言语和表情带有攻击性，很容易激起孩子的逆反心理。

1. 理解孩子无知者无畏的一面

孩子上呼吸道感染还要吃辣条，父母首先要理解，孩子之所以有这样的要求只是单纯性地想吃，而且孩子并不知道生病后有些食物是不能吃的。只要理解孩子，就能对孩子的那些不合理要求用平常心去接纳了。

2. 放慢交流的速度，整理思维

表情自然，态度温和，把说话的语速放慢，也有助于父母整理思维，帮孩子一步一步认识到自己的要求为什么不可以得到满足。

在孩子生病却要吃零食时，父母可以先问问孩子患处的情况，让孩子清楚意识到疾病给自己带来的不适。接着，父母要告诉孩子，生病部位不能再接受哪些刺激以及病情加重的后果。并将辣条里的成分告诉孩子，让他知道辣条虽然好吃，但里面的刺激成分会令病情加重，让生病部位越发疼痛。最后，父母可以把选择权丢给孩子：“你是想赶紧把身体养好，然后可以随意吃辣条呢？还是现在就吃，让生病的地方越来越痛呢？”

经过父母一系列的引导，孩子对自己的要求所引发的利弊就有了一个充分的认知，再判断是否要坚持自己的要求时就更倾向于主动放弃。

3. 多给孩子普及相关知识和因果逻辑

面对孩子提出的不合理要求，父母最需要做的是帮孩子普及相关的知识和因果逻辑。这样才能带动孩子思考，然后规避风险。

比如，孩子充着电玩手机，父母在告诉孩子充电玩手机有哪些危险时，可以找布条将孩子的眼睛蒙起来，让孩子体验一次失明的感觉，以此让孩子知道这种习惯不可取。

父母给予孩子更多的时间和耐心，为孩子解释风险，帮他们普及更多的常识并传授经验。这些启发性思维会帮助孩子建立一个又一个内驱式思维方式。相信不久后，孩子不用靠父母提醒就能自行规避一些不合理的行为了。

如何避免成为妥协型父母

除非你能保证可以满足孩子一辈子的无理取闹，如果做不到就不要轻易妥协。

场景回放

一日，华华对爸爸说，想要某品牌的平板电脑，爸爸上网一搜，要四五千元。爸爸顿时觉得很没必要。

那个平板电脑太贵了，我们不买了好不好？

可华华当即就坐在地上哭闹，这一哭就是半小时，也不见消停。爸爸怕孩子哭坏了，便硬着头皮给孩子买了。

场景解析：

相信很多父母都曾发誓说过，要让孩子从小就懂一些规则，尤其当孩子提出那些不合理的要求时坚决不能纵容。可是，当孩子不合理的请求一件件袭来时，父母们才发现要守住当初的誓言真的很难。

有的父母看到孩子一哭二闹三委屈就无比心疼；有的父母介怀自己儿时什么都得不到，于是不想让自己的孩子在物质上受委屈；有的父母是想通过满足孩子从而降低孩子对欲望的过度追求……总之，面对孩子不合理的请求，大多数父母会去妥协。

其实父母爱孩子的心，都可以理解。但总是对孩子不合理的请求妥协却是非常不可取的。即便是偶尔性的妥协，也会让孩子的欲望像滚雪球一样越滚越大，直到有一日家长们会发现，曾经懵懂无知的孩子已经变成了一个恃宠而骄、不知感恩、挥霍无度、不惜钱财，热衷于盲目攀比的“小霸王”。

有些父母觉得这样的说法有些夸张，满足了几次孩子的高要求，还不至于让孩子养成坏习惯。要知道，孩子从出生时起就像一个容器，父母在里面灌输什么，孩子都会照单全收。当父母竭尽所能去满足孩子不合理的请求时，孩子会认为自己的要求很简单，父母轻轻松松就办到了。当这种认知刻印在常识里，父母所做的一切就成了理所当然，孩子不会去尊重和爱护父母的付出，也无法体会其中的艰难，相反还会变本加厉索要得更多。当然，孩子无法意识到自己行为上的不妥，因为他们就是在那样一个总是被满足的环境下长大的。

随着年龄增长，孩子想要的东西会越来越多。当孩子进入青春期或者成年后再提出一些父母无力办到的要求时，又会怎样呢？要知道，让一个尝尽了蜜糖罐的孩子突然吃一口苦瓜，可想孩子会做出多么激烈的反抗。

给父母的建议：

越不拒绝就越无法拒绝，这就是惯性。在养育孩子的问题上，只有让孩子懂得什么是适可而止，才能让孩子对自身的认知更准确，对事物的看法也更客观。当孩子知道人的能力是有限的，要量力而行时，孩子就能拥有很好的抗挫折能力，和正向的人生观、价值观。所以，父母面对孩子提出的不合理要求坚决不能妥协。

❶ 让孩子知道，改变是为了做更有意思的事情

带着孩子去朋友家玩，孩子迟迟不肯回家，其实父母可以陪孩子再玩一会儿，和孩子一起把未完成的游戏做完，这样孩子就不会因为游戏被搁置而恋恋不舍。然后在临走前，父母还可以对孩子说："咱们家的小鱼要饿肚子了，它们正等着你赶紧回去喂它们呢！"让孩子知道，回家是为了做一些更有意思的事情，父母描述得越具体，孩子想立刻回家的动力就越大。

❷ 将不合理的原因详细讲给孩子听

孩子在公共场合提出不合理要求是最令父母为难的。拒绝关乎面子，不拒绝又令自己为难。这时该怎么办呢？首先，拒绝是一定要拒绝的。比起自己的面子，让孩子有一个正确的价值观显然更重要。父母要先告诉孩子，他的要求不合理，并告诉孩子具体为什么不合理，无论是价格高，还是孩子想要的不适合他都要说清楚。说得越详细，孩子就越容易放弃。

❸ 给孩子提供选择

孩子要花两三千买个玩具时，父母不同意，可以给孩子提供两个退而求其次的选择：一个是可以去娱乐区玩一会儿，一个是现在就回家。孩子肯定会闹情绪，在他哭闹期间，父母不要着急催促孩子。等孩子平静下来后，他自然能意识到父母不可能答应之前的要求，于是就会在父母提供的两个选择里去选一个。不要看到孩子哭就心疼。一个明是非，懂感恩，会知足的孩子都是在取舍和得失中形成的健全人格。所以，面对孩子不合理的要求，父母一定要明确"不同意"的态度。

第六章

如何给叛逆期的孩子立规矩

没有规矩，就没有自由

每个人的脑海里都有一个按钮，按下去就能通往自由之门，而那个按钮上写着两个字“规矩”。

场景回放

小朋友们正在欢快地滑着滑梯，可是丹丹滑下来后就从滑梯口又爬了上去，让正准备滑的和正在排队的小朋友们很生气。其中一个小朋友说：

小朋友：丹丹，你不可以这样，老师说要排队玩。

小朋友：就是，就是，丹丹，排队，排队……

丹丹却不理会他们，自顾自玩着。小朋友们都生气了，就趁着丹丹再次滑下来时一把抓住她，几个人合力把她挤了出去。

场景解析：

你的孩子有规矩意识吗？比如会主动排队、不强拿别人的玩具、该安静时不吵闹等等。对此，会有不少父母笑说：“别这么紧张，他还是个小孩儿，整那么拘束干啥？”父母在养育孩子的过程中总是充满侥幸心理，总觉得太小的孩子如果过早被规矩束缚，变成了小呆瓜怎么办？如今新一代的年轻父母更希望孩子能够无拘无束自由成长。但是无规矩不成方圆，如果把孩子比作风筝，规矩就是拽住风筝的线。若孩子从幼时起就未曾建立任何规矩，长大后也不可能对规矩怀有敬畏之心。

更糟糕的是，没有任何一个人能和一个毫无规矩的人成为朋友、同事、合作伙伴或伴侣，也没有任何一个环境可接纳一个不懂规矩的人。这个世界之所以能够井然有序运转，靠的就是懂规矩、守规矩。人与人之间的情感、信任、尊重也是建立在相互默守规则上的。所以，有规矩的孩子才能拉拽出更长的线，飞得更高更远，拥有更广阔的天空。

小孩子在父母身边可以为所欲为，那是因为父母愿意给他们无下限的包容与溺爱，但孩子总要走出家门与其他人接触。孩子没有规矩就等于没有界限感，如果他们随时随地都会由着自己喜好去侵犯别人，那实际上受到反噬的可能是他自己。

比如，孩子在课堂上随意走动玩闹，被老师批评或处罚；偷拿或硬抢别人的东西，被朋友们嘲讽和孤立；随便在别人家里乱翻乱找乱串游，被拒绝来往。

外人没有义务包容和宠爱一个不懂规矩又不停触犯别人界限的人。好比在一个短视频中，一个成年人故意绊倒一个来回奔跑且大声喧哗吵闹的孩子。成年人给出的原因是，他原本正在和多年未见的朋友聚餐，但这个小孩太没规矩了，提醒了两次，依然又跑又跳又喊叫，愤怒之下犯糊涂做了冲动的事。而那个孩子因为额头磕到桌角，缝了十多针。

“三岁看大，七岁看老”，每个幼儿的现在及将来能拥有多高的自由度、安全指数和自律性都与规矩息息相关。所以，父母不能再以孩子小为借口而忽视规矩对孩子的影响和重要性。

给父母的建议：

父母对孩子的爱可以无私，但是要学会爱得有度，在爱护孩子的同时，给孩子树立规矩意识。让孩子尽早明白，规矩与自由是相互的，想做什么，拥有什么，就得懂哪方面的规矩，否则会变得寸步难行。

① 利用日常生活契机帮孩子建立规矩意识

父母可以利用和孩子相处时的一些契机，给孩子灌输一些相应的规矩意识。比如，吃饭前要求孩子先洗手，并告诉孩子洗手是为了洗掉手上的污渍和细菌，是为了保护自己的身体健康，而且要让孩子明确一点，洗手是每个人都要遵守的饭前规矩。

吃饭时，如果孩子出现敲打碗碟的行为，父母要及时提醒，因为规矩意识通过一些小的行为习惯更容易灌输。此时应直接告诉孩子，吃饭时不可以敲打碗筷，这样的行为会打扰其他用餐的人，这是餐桌上的规矩，每个人都要遵守。

② 排队时，给孩子建立排队意识

有时，父母会带着孩子逛商场或者去旅游景点，在结账处或售票口通常有很多人。这时，父母可以用孩子能听明白的话向他解释排队的原因："你看这长长的队伍，大家都在认真排队呢，我们也需要好好排队，这是身为社会人需要遵守的公德，不排队或乱插队是没教养的，会被人耻笑。"

抓住任何可以帮孩子建立规矩意识的机会，这本是每个父母都该拥有的一项习惯性技能。当孩子建立起一个简单的规矩意识体系，自然就能明白自己不可以为所欲为，有些事要按规矩来才可以。

怎样定规矩，孩子才愿意配合

人都有一个惯性思维，就是对已经设定好的规则会格外顾及。所以，父母若想让孩子好好配合，可以试试“先规则，后秩序”。

场景回放

爸爸妈妈带着蓉蓉在游乐场里玩，眼看着天色要晚了。

宝贝，咱们已经玩了很久了，该回家了哦。

我不要回家，我还没玩够呢。

那就再玩 10 分钟，咱就回家。

好。

过了 10 分钟，爸爸见时间到了提醒蓉蓉。

好了，这回我们真该走了。

不，我不走，还要玩。

见实在拗不过蓉蓉，爸爸只能强制把蓉蓉带回了家。

场景解析：

相信大多数父母都遇到过类似问题，带孩子出去玩容易，把孩子带回家却很难。回来时孩子哭闹，父母懊悔就不该带孩子出去玩。因此，有些父母一提起要带孩子出门，心里就莫名焦躁和恐惧。与其在外面和孩子斗智斗勇，不如提前给孩子定好规矩。

透过很多生活场景可以发现，当父母带着孩子去超市购物，或者去参加朋友聚会，又或者去游玩的时候，都是说走就走的。父母们背着包包，带着一些突发情况需要的应急物，看似准备周全，但就是没有谁会想起来身边还跟着个自我意识刚刚觉醒，自控能力不足，却又对各种东西都充满猎奇心的“定时炸弹”。结果，“炸弹”毫无意外爆了，而父母当场收拾残局的样子特别狼狈。如果父母在出发前就给孩子定好规矩，那么就能省掉很多麻烦。

有些父母对此持怀疑态度，觉得孩子怎么可能好好按照提前定好的规矩做，毕竟小孩子都是不可控的。有这样的疑虑很正常，因为大部分父母对孩子的不可控性深有体会。但是，提前给孩子定好规矩，就像给孩子打好了预防针，孩子潜意识里对已经存在的规矩是有一部分敬畏心的。

比如，去超市前，父母对孩子说：“妈妈给你定一个规矩，就是不可以买薯片和糖果。如果你同意，我就带你去。”孩子肯定点头同意。等到了超市后，也许孩子看到糖果和薯片时会产生动摇，并且会尝试征询妈妈的同意。但是，如果看到妈妈态度坚决，孩子虽然会有些不甘心，但也不会太留恋，更不会吵闹，因为孩子的脑海里始终记着出门前定好的规矩。

对孩子而言，父母的约束力，让他们深有体会。这些小家伙很清楚，答应了就要守规矩，如果没有遵守，一定会给自己带来很多不好的结果。所以，父母与其担心那么多，不如立刻想一想，凡事可以先给孩子定下些什么规矩。定下规矩后，只要父母不妥协，孩子就能接受并遵守规矩。定下规矩后，只要父母不妥协，孩子就能接受并遵守规矩。

给父母的建议：

没有任何人比父母更了解自己的孩子，只要父母稍作联想就能猜到在不同的环境里，孩子会习惯性做出哪些特定的行为。所以，若想接下来的外出能够进展顺利，父母需要先安静地思考接下来要去的环境会诱发孩子出现哪些不可控的状况。

❶ 提前预知孩子有可能出现的情况

比如，若明知道逛商场期间，女儿一定会缠着妈妈买各种粉色网纱裙子，那就绕开儿童服装区；知道孩子特别不喜欢别人动自己的玩具，很可能与一会儿要来做客的小朋友因此发生冲突，就提前让孩子把玩具收好；知道儿子特别喜欢在人多的餐厅里乱跑乱叫，可以提前订个包间。

在不同的环境里，孩子会出现不同的问题。父母只要预想到可能出现的情况，然后给孩子制定好相应的规矩，接下来的事就会容易很多，父母与孩子之间相处也会更加从容些。

❷ 切记不能现场给孩子立规矩

网上总有这样的画面：父母一边吼叫孩子，一边给孩子定规矩，今后不能怎样怎样，孩子则一边哭一边怒视着父母。在这种强烈的情绪对抗中给孩子定规矩无疑是火上浇油，不仅不会让规矩发挥作用，还会增加孩子的逆反心理，以及扩大孩子对规矩的厌恶情绪。总之，立规矩这件事不要临时抱佛脚，而是先习惯性预防，而后筛选合时宜的规矩给孩子立下。

给孩子立规矩的黄金期

给孩子立规矩也有黄金期，中国人民公安大学教授李玫瑾说：“3~6 岁，一定要性格培养到位。而所谓性格培养，就是给孩子立规矩。”

场景回放

皮皮吵着要玩妈妈的手机，妈妈正在和朋友通电话，没有答应。

皮皮站在旁边等了一会，发现妈妈还没有说完，就扯着妈妈的衣服说：

妈妈，你快点，快点。

妈妈一边通电话，一边示意皮皮去旁边玩。皮皮拽着妈妈的衣服，却不肯撒手。

妈妈匆匆挂了电话，气愤地把手机摔给他说：

给你！给你！玩吧！玩吧！

场景解析：

李玫瑾教授强调，6 岁之前，一定要给孩子立规矩。那为什么说 3~6 岁是立规矩的黄金期？这是因为立规矩的过程是痛苦的，虽然 3~6 岁这个阶段的孩子自主意识强烈，但他们在这一时期仍然处于依恋父母的阶段，更容易顺从父母。而一旦过了 6 岁，孩子的反抗意识崛起，开始独立思考问题，相比于两三岁时的叛逆期就更加难以对付。李玫瑾教授举了一个很形象的例子，说孩子 3 岁，你不满足他的要求，他顶多是满地打滚哭闹。但到了孩子 15 岁，他可能会和你争吵，离家出走，甚至自残、自杀。

更重要的原因是，3~6 岁这个阶段是孩子性格、习惯和生活方式形成的关键期。科学家将这个阶段称为“潮湿的水泥期”，意思是这个时期的孩子，性格就像是潮湿的水泥，可塑性极强。而 7~12 岁的孩子被称为“正凝固的水泥期”，当水泥慢慢凝固，性格确定下来，再想改变就不容易了。所以，父母一定要在这个可塑期给孩子立好规矩。

此外，3 岁是多数孩子进入幼儿园的年龄，从在家和父母、玩具相处，转化到在学校和小朋友、老师相处，开始经历与人交往的过程。虽然人际交往是天生的，但效果的好坏却取决于性格。这个性格体现在是否懂得合理管控自己的情绪，是否懂得关注他人等，这些都属于人际交往中的规则。父母要让孩子在与人相处中学会合理表达自己的情绪，懂得关注和关心别人而不是只关注自己，帮助他交到更多朋友，在集体中更受欢迎。

总之，合理的规矩，才能培养出一个独立自主、情商高、性格好的孩子。

给父母的建议：

3~6 岁的孩子，自我意识达到高峰，什么事他们都希望自己来决定。同时，他们的各种能力获得了进一步发展，越来越懂得和父母周旋、较量。所以，这一时期，给孩子立规矩要注意以下几点：

① 在3~6岁树立孩子的规则意识

3~6岁的孩子会出现一种“固执”的倾向。比如，妈妈让孩子在冬天穿袜子睡觉，等天气暖和了，妈妈却发现孩子不穿袜子就不肯上床。

其实，这并不是孩子开始固执、任性了，而是在孩子的内心已经有了一套“秩序”。父母可以趁着孩子建立“秩序”的时期，给他们立一些小规矩，比如：睡前要刷牙，洗手时要做洗手操等等。这个时候立下的规矩，孩子会自觉遵守。

② 忽略孩子的语言试探

孩子在3~6岁会意识到：语言是有力量的。为了印证这个发现，孩子会说出很多诸如“笨蛋”“臭屁”等会挑起父母怒火的脏话，看到父母真的生气了，孩子就会说出更多的脏话，期待父母的下一步反应。

所以，当孩子出现这种情况时，建议父母不要对孩子的行为做出反应，因为无论是惩罚还是训斥，都只会让孩子更加兴奋。只有当孩子意识到自己的语言对父母没有任何影响时，孩子才会失去对脏话的兴趣。时间长了，孩子说脏话的问题就会不药而愈。

③ 展示规则的好处与坏处

父母希望孩子守规矩，就要让孩子看到守规矩的好处和不守规矩的坏处，这样孩子就会做出对自己有利的选择。比如，父母让孩子按时上床睡觉。前几天父母可以通过各种方式让孩子入睡。后几天父母不再干涉，孩子想几点睡就几点睡。孩子就会发现如果自己按时入睡，第二天起床就会精神满满，反之则会头痛犯困。当孩子了解到遵守规则给他带来的好处要大于坏处时，就会愿意主动遵守规则了。

父母只有了解处于“立规矩的黄金期”孩子的特点，才能够制定出适合孩子的规矩，让规矩发挥它应有的功能。

哪些规矩给孩子立得越早越好

有些规矩可以慢慢给孩子立，但是有 3 个规矩必须在孩子 6 岁前就立好，否则一些不良行为一旦形成习惯就很难再纠正过来。

场景回放

菲菲的妈妈在幼儿园班群里问谁家孩子装错了橡皮。妈妈看到后，就翻了翻田田的小书包，结果发现里面有 3 块儿马卡龙橡皮。妈妈问田田：

你的书包里怎么会有这个样子的橡皮呀？

妈妈，这是菲菲的橡皮，我看着好看，就装回来了。

妈妈哑然，但是田田看上去并不知道这样做是不对的。

场景解析：

6 岁之前的孩子虽然有了一定的认知力和判断力，但是他们毕竟年幼，想法单纯，所想所行多是围绕“我愿意”“我喜欢”去展开的。因而有些孩子会做出一些在常人看来不正确的事情，可是在孩子眼里自己的行为并不存在任何问题。这足以说明孩子不是故意做错事，而是他们的意识里缺乏一些必要的行为准则。同时，也说明了父母平日里对的孩子关注太少，总以为满足孩子衣食住行就够了，殊不知，有些规矩是必须早早就给孩子立下的。

有的父母知道规矩对孩子的重要性，也担心孩子因为不懂规矩而闹出乌龙或尴尬的事，索性就把能想到的规矩全部说给孩子听，不分时间不分场合，想起什么规矩来就给孩子定下什么规矩。然而，这样做并不会让孩子记住多少，反而会变得讨厌父母的唠叨，早早对规矩失去敬畏心。

契诃夫说："人们厌烦了寂静，就希望来一场暴风雨：厌烦了规规矩矩、气度庄严地坐着，就希望闹出点乱子来。"如果一个天真可爱又活泼好动的孩子整天被无数的规矩环绕，耳边总是父母的提醒和犯规后的惩罚，总有一天孩子心里想的不会是按规矩办事，而是如何逃离。

所以，没有规矩不好，规矩多了也不好。有很多育儿专家表示，6 岁之前的孩子只需要掌握 3 个规矩就够了。而且，只要父母足够重视，让孩子顺顺利利地把这 3 个规矩掌握好，就容易帮助孩子从"自我"的意识中跳出来，在道德与品性上实现一次质的飞跃，从而培养出较高的情商。

给父母的建议：

在孩子 6 岁前，父母一定要把以下 3 个规矩教给孩子，因为这三个规矩会让孩子受益一生。

❶ 不是自己的东西不要拿

3 岁时，孩子对任何东西的归属没有一个清晰的划分，不知道什么是属于自己的，什么不是自己的，所以行为上很随意。直到四五岁的时候，孩子对东西有了所属权意识，对喜欢的东西会萌生出占有欲，于是会出现争抢、偷拿、藏匿的行为。所以，父母一定要提前给孩子树立这方面的规则意识，告诉孩子：不是自己的东西绝对不可以拿走，未经允许不可以随便碰触。如果想要可以告诉父母，如果只是想拿起来看一看或玩一玩，也要在征得对方同意后才可以做。

② 不论是不是故意的，做错事情后，一定要向对方道歉

很多小孩子做错事情后不会主动道歉，这并不是因为孩子讨厌道歉，而是孩子还不懂得什么是社交的规范，自己做的事情哪些对哪些不对。比如，孩子们在玩耍时不小心撞倒了同伴，被撞的孩子哇哇大哭，但撞人的孩子要么懵懂地站在原地不知所措，要么视而不见继续去玩闹。

作为父母，就要帮孩子建立一些基础性的社交意识，告诉孩子，当自己给别人造成麻烦时，比如踩了别人一脚、碰了别人一下、把对方的衣服弄脏了等等，不管是不是有意的，都要立刻向对方道歉，这是最起码的礼貌。

③ 不要随便打扰别人

父母一定要告诉孩子，不可以随便打扰别人。比如，坐地铁时不可以大声吵闹；看到别人在交谈，不可以随便插言；要与陌生人保持距离……不随意打扰是对别人的尊重，既是礼貌也是对自己的保护。

当然，要想培养孩子这方面的品行，也需要父母平时不过多打扰孩子，不要动不动就问正在玩乐的孩子吃不吃东西，也不要随意打断正在认真做事的孩子。因为那样会干扰到孩子的专注力，同时也会让孩子养成随便打扰别人的坏习惯。

为什么规矩不能太复杂

儿童心理学家詹姆斯·杜布森说："没有界限的孩子没有安全感，因为他不知道安全的尺度在哪里。"而规矩也是同理，如果设立得不清不楚，孩子就不知道怎么做才是正确的。

场景回放

曾经有一对姐弟，面对家中失火，姐姐始终坚信父母的话："遇到危险时，不可以乱动。"便一直站在窗户前不动，而弟弟却选择开窗逃走。结果，弟弟成功自救，而姐姐却不幸被烧成重伤。

场景解析：

只因父母给孩子立规矩时没有深思熟虑，既不明确又不具体的约束最终给孩子造成了不可挽回的后果。

给幼儿时期的孩子立规矩，不是随口交代一句那么简单。如果父母立的规矩在概念上很模糊，边界不清不楚，没有一定的尺度标准，孩子听不懂也就无法理解规矩的含义。比如，孩子要上幼儿园了，妈妈说："以后你要做到早睡早起哦，不然会迟到的。"对成年人来说，很容易想明白这句话的意思，但孩子却无法理解什么是早睡什么是早起，根本没有一个可供参考的对象。最终孩子很可能会因为心理紧张，四五点的时候就醒了。

幼儿的理解能力是非常直观的，当爸爸对孩子说：“你已经是小小男子汉了，以后可以多帮妈妈做些事情，妈妈会很开心的。”孩子听了这样的话，理所当然地认为自己看到的事情都是可以做的，比如倒热水、削水果、拔插头、开窗通风等一些危险行为也包括在内。

如果规矩太复杂，同样会让规矩失去效应。当父母对孩子说：“不可以跟陌生人走，也不能吃陌生人的东西。如果爸爸妈妈不在场，哪怕是认识的叔叔阿姨给的东西也不能乱吃，更不可以随便跟人回家。反正，除了爸爸妈妈，谁都不可以相信。记住了吗？”

当即，孩子反问一句：“爷爷奶奶呢？”当父母表示爷爷奶奶可以时，孩子会继续问：“叔叔婶婶呢？”其实，从孩子开始提问起，规矩就已经失效了，暧昧不清的规矩其实不会发挥多大作用。当孩子看到特别熟悉的人时，依然会跟着离开，或接受对方的零食。

所以，很多时候不怪孩子不懂规矩，只能怪父母从一开始就没有把握好立规矩的方法。

给父母的建议：

小孩子的理解能力没有多么深刻，通常想到什么就是什么。所以，给孩子立规矩时，父母对规矩的表述一定要做到简单、明确、具体，把握好这三方面，规矩就能立好。

① 简单，是指范围不能太大，囊括内容不能太多

依然以不能和陌生人接触为例，父母最开始担心的是，孩子会接受陌生人递过来的食物，可实际上，孩子首先对陌生人就没有一个明确的界定。所以，父母应该先告诉孩子什么范围的人是陌生人，就是除了家人以外的所有人，而家人的范围要给孩子尽量缩小，因为孩子年幼时，接触的家人主要是父母、爷爷奶奶，外祖父外祖母，有这部分家人的概述就够了，然后告诉孩子："除了家人以外的人，都属于陌生人，这些陌生人给的任何食物都不可以接受，更不可以吃。"其余的话不用多说，因为规矩越简单，孩子的印象越深刻，越容易牢记。

② 明确，是指规矩针对的具体事项

比如，父母不能告诉孩子"遇到危险时，不能乱动，要藏起来。"这样只会误导孩子。危险的情况分很多种，父母应该要让孩子明确的是，不同的情况有不同的应对措施。比如，家里起火该怎么做，遇到地震时该怎么做，不同的行为会给自己带来什么不同的后果等等。只有规矩明确，孩子才能做到灵活变通。

③ 具体，是指规矩的具体做法

比如，父母要求孩子排队时孩子乱走，有些父母会说："你乱走什么？到妈妈前面来老实待着。"这样说，孩子只会认为父母是在要求自己听话，并没有其他深意。如果父母换句话："大家都在排队，你也必须站在队伍里，否则就不能买到自己想喝的饮品。"孩子一听就知道，在需要排队的时候，自己也必须排队才行。所以，父母给孩子制定的规矩，语言表达要具体到规矩的具体实施。

一个能够起到作用的规矩，必须是简单、明确、具体的。规矩界限分明，尺度清晰，孩子的印象才会深刻，遵守起来也更容易些。

规则面前，人人平等

“只许州官放火，不许百姓点灯”是最无效的教育方式。你在那刷手机，却让孩子去写作业，孩子凭什么要听你的呢？。

场景回放

父女二人，一个在刷手机，一个在写作业。

爸爸，你不是说看手机不能超过半个小时吗？你都看好久了。

我是大人啊，可以多看会儿。

小雪凑过来，和爸爸一起看抖音视频。

你不能看了，你该去写作业了。

小雪嘟着嘴。

才不要。

场景解析：

父母定了规矩，他们自己却不遵守，幼小的孩子看在眼里就会觉得不公平。所以，父母不要总责怪孩子不守规矩，很多时候是父母破坏规矩在先，才导致孩子失去了规矩意识。

可有些成年人就习惯仗着父母的权威，一边严格要求孩子，一边放任自己。父母严管，孩子确实能按照要求去做，但也只是口服心不服而已。当父母一边要求孩子不许吃垃圾食品，一边自己大快朵颐地吃着薯片、喝着可乐、嚼着辣条时，孩子的心里除了气愤，就只剩下一些小心思：怎么躲过父母吃自己想吃的零食。至于那些规矩，父母都没有敬畏之心，小孩子更不会记挂在心上。

网上曾有一位网友分享：小时候，父母经常警告我，过马路一定要看红绿灯，按交通规则做。可是有好几次，父母看路的两边没有车，拽着我就闯红灯。如果我抗拒，还会换来父母一顿数落。可后来，父母依然教育我不能闯红灯。但是他们不知道，长大后我无法遵守交通规则，当自己看到道路两边很空旷时，虽然红灯亮着，但心底就会响起一个声音：赶紧过去吧，别像个傻子一样站着了，快跑过去没事的。于是，自己的双腿就不受控制地走了过去。

在孩子幼时规矩立不起来，等孩子长大后依然会漠视规矩，那是潜意识里的习惯，改不掉的。想让孩子遵守交通规则，父母就不能带头闯红灯；想让孩子遵守游戏时间，父母就不能定两套标准；想让孩子早起，父母就不能睡到日上三竿……父母若想教出一个有规矩意识的孩子，自己首先就得做个有规矩意识的父母。

是人就不喜欢被双标，无论是独生子女家庭还是多胎家庭。父母制定的规矩，对自己、对儿女都应该做到一视同仁。如果孩子长期被双标，就会对规矩产生厌烦心理，对父母生出嫌隙，变得不信任父母也分不清对错。有很多叛逆期的孩子之所以变得越来越叛逆，与父母的双标有很大关系。所以，对制定好的规矩，父母要以身作则，孩子才会上行下效。

给父母的建议：

父母在给孩子制定规矩时，也要问一问自己能不能做到，如果不能做到，立还不如不立。如果父母能做到遵守规矩，就要明确告诉孩子，制定的规矩家庭内部成员都要严格遵守，无一例外。

① 和孩子建立互相监督机制

父母若想加强孩子的规矩意识，可以和孩子共同商量出一套机制，比如互相监督，然后制定出一套惩罚方案。例如：当孩子发现父母没有好好遵守规矩时，父母要满足孩子一个小小心愿；如果孩子没有遵守规矩，原本制定的周末游玩计划就取消。成立相互的监督机制，孩子觉得公平，就更愿意遵守规定。

如果父母不小心破坏了规矩，就要按照监督机制上的惩罚方式去执行，千万不可以糊弄孩子。在孩子这里不能有试探，一旦试探，孩子刚建立起来的信念就会动摇，对父母产生怀疑，对制定好的规矩生出嫌隙。

② 环境变了，规矩也不能变

有的父母会因为环境不同，就对制定的规矩视而不见。比如，父母与孩子约定好，周一到周五期间不许喝碳酸饮料，结果这其间父母带着孩子参加了聚会或一些活动，面对琳琅满目的食物和饮品动了恻隐之心，然后告诉孩子："可以适当喝一点。"可往往就因为这一句话，打破了既定的规矩，在孩子潜意识里埋下了"偶尔来一次也可以"的想法。

对孩子而言，父母就是标杆，无论风吹雨打，父母能坚持住的事情，孩子就能从效仿中学得。

孩子不肯遵守约定，怎么办

孩子突然变卦时，父母先不要着急发脾气，因为办法总比困难多。好好想一想，当你想要放弃某个约定时，是什么在支撑着你必须遵守约定呢？

场景回放

妈妈带圆圆逛商场的玩具区。

妈妈，我想要那个大白鹅。

圆圆，咱们说好了呀，不可以再买毛绒玩具了，家里的小床都放不下了。

圆圆扑闪着两只渴求的大眼睛道：

我就再要这一个，最后一次了，好不好？

场景解析：

父母遇到孩子不遵守约定的情况时，最常见的两种解决方式是妥协和遵守。

有的父母说：“看到孩子梨花带雨楚楚可怜的模样，心瞬间就软了，总觉得孩子还小，没必要太较真。”于是就默许孩子打破约定。殊不知，父母这时就变成了和孩子共同破坏约定的人，以后再想让孩子遵守约定会难上加难。而其他的规则，也会因为这一次的打破而面临全部失效的结果。更重要的是，看似一次小小的心软，却很有可能会在孩子心底埋下“可以不守信用”的种子。

有的父母认为：“必须让孩子遵守约定，这才是负责的表现。”对此，有些父母就抱着“一切都是为了孩子好”的想法，宁可严苛也要让孩子遵守约定。比如，对破坏约定的孩子说：“你别跟着我了，我没有你这么不守信用的儿子。”然后用怒视、冷脸或怨恨去面对孩子。采用威胁或强势的方式确实能让孩子收敛，但孩子的收敛并不是因为遵守约定，而是屈服于父母的权威。

看似最常见的两种方法，实则弊远大于利。那么，究竟有没有两全齐美的办法，既可以让孩子自愿遵守约定，又不会让父母陷入两难呢？

给父母的建议：

孩子每一次不遵守约定，大多数父母认为是孩子的问题。但是，不能忽略一个事实，任何人都不可能做到百分百遵守约定，哪怕是心智健全的成年人也会有很多难以兑现的承诺。重点是，当孩子无法遵守约定时，是否有某样东西能及时激发孩子继续去坚守约定。

① 制定明确的奖惩机制

父母在和孩子做约定时，应该同时制定好明确的奖罚机制。不论是孩子还是成年人，若没有利益驱动，任何约定都不过是空谈，也不会有任何约束力。

比如，父母要带孩子去参加聚会，去之前跟孩子约定好：“在活动上要始终待在爸妈身边，不可以大声喊叫。如果你能做到这几点，爸妈承诺下周末可以带你出去玩。你觉得怎样呢？”孩子肯定开心地点头，这时再来说罚：“如果你做不到，不仅会失去奖励，还会把家里的零食全部没收，一周之内不允许吃任何零食。这就是我们之间的约定。”

❷ 当孩子想放弃时，用奖惩机制作为提醒

让一个幼儿严格遵守约定，难度系数会非常大。在短时间内，孩子对约定的内容会记得非常清晰。但当时间线一拉长，难免就会有松懈。当孩子出现要破坏约定的势头时，父母先不要慌，更不要急，可以提醒一下孩子约定的内容，在奖罚机制的驱使下，孩子是能判断出利弊的，自然也会克制自己，尽量去遵守约定。

❸ 借用公德心约束孩子的行为

有时，父母也要学会利用公德心去约束孩子的行为，让孩子自动遵守约定。比如，告诉孩子不能乱丢垃圾，否则会被别人说成是一个没有素质的人。

有的父母会说，不能让孩子去在乎别人的看法，那样孩子会活得很累。其实这样的论调早该丢弃了，如果谁都不在乎别人的看法，这个世界的秩序早就乱套了。一个人有没有公德心，就要看他是否在乎别人怎么看怎么说。所以，父母要让孩子去在乎大众的舆论，想要获得别人的尊重和认可，就要遵守一些约定，否则就会遭到谴责。其实这与奖惩机制有异曲同工之处。

第七章

培养正确行为

代替不良行为

孩子怎么哄都不肯睡，怎么办

不能对孩子大吼大叫，因此越来越多的父母开始用哄的方式。孩子是需要哄的，但现实却总是让人无奈又疯魔，光是把活蹦乱跳、精神饱满的孩子哄上床睡觉就十分考验父母的耐力。

场景回放

9点时，妈妈给莜莜讲着睡前故事，可是莜莜越听越兴奋。妈妈只好把灯关上，一边给莜莜唱摇篮曲，一边拍着莜莜的背。

半小时后，妈妈以为莜莜睡着了，正要起身离开时，莜莜突然睁开眼睛很清醒地说道：

妈妈，你再给我讲个故事吧。

你到底睡不睡？快闭上眼睛！

场景解析：

仅仅是哄孩子睡觉这一件事，就能让很多父母筋疲力尽。有时候父母甚至熬不住孩子先一步睡着了；有时因为久哄不睡，就忍不住对孩子发了火，结果孩子哭着哭着就睡着了。于是，有的父母便以为找到了捷径，对此屡试不爽。事实上，频繁让孩子哭着入睡是会影响孩子睡眠质量的。

研究表明，如果孩子带着负面情绪入睡，在精神高度紧张的状态下很容易做噩梦，有时还会伴有惊醒。孩子睡眠质量得不到保障，就会造成生长激素分泌紊乱，哪怕睡得再早也会影响身体发育。

有的父母为了让孩子早点睡觉，不惜应允孩子一些承诺，可这样的办法治标不治本，反而容易膨胀孩子的欲望或不良嗜好。哄只是父母单方面的输出，并不一定会被孩子吸收和接纳。而引导则不一样，引导就像牵引绳，让孩子不由自主跟着父母的节奏走。只要引导程序符合孩子的心理特征，让孩子形成好的作息习惯便能指日可待。

给父母的建议：

想让孩子形成好的作息习惯，引导程序是关键。其中最大的要求是父母不能心急，慢则 5 天，快则 1 周，孩子的入睡问题就能被纠正过来。

① 睡觉前半小时内帮孩子平稳情绪

在孩子准备睡觉前的半小时里，不能让孩子做任何剧烈运动，也不要让孩子玩一些刺激又兴奋的游戏。尽量帮孩子放松心情，使孩子的情绪处于平稳状态。比如，陪孩子读读绘本，或者一边听舒缓的音乐一边聊天。等孩子情绪平稳后再上床睡觉，就不会因为太兴奋而迟迟无法入睡。

② 固定孩子的睡觉时间

固定好一个时间，然后提前半小时让孩子进入睡眠状态。比如，孩子在 9 点要入睡的话，就必须在 8 点半让孩子更衣躺下。孩子之所以到点不睡，就是因为睡眠时间从来都没有固定过，今天九点，明天10点，后天又11点，睡觉时间不规律，就很难形成生物钟。

人的身体是有记忆力的，当孩子每天都能在8点半躺下，9点进入睡眠状态时。快则5天，慢则1周，孩子的身体就会记住这个时间规律，从而形成一个生物钟，到点孩子就会不由自主地想去睡觉。在孩子形成生物钟期间，即便是周末，父母也要坚持让孩子8点半时就去做睡前准备。

③ 父母和孩子分床睡

如果父母经常守着孩子睡觉，孩子就容易对父母形成过度依恋关系，当父母不在身边时就睡不着，甚至不搂着妈妈的胳膊或摸着妈妈的耳朵就会焦虑不安。所以，父母要尽早与孩子分床睡。

分床不代表分房间，父母可以在大床附近摆一张小床，先让孩子养成独立睡觉的习惯。如果孩子不配合，父母可以和孩子约定好，在他熟睡前一直守在床边。当然，不要让孩子搂着自己的胳膊或摸着其他部位入睡，如果孩子习惯抱着东西，可以用玩偶代替。

④ 睡前仪式感不能少

当孩子躺好后，父母要做3件事给孩子看：拉窗帘、关灯和帮孩子掖掖被角。日复一日去重复这些行为，就会给孩子形成一个心理暗示，每当父母做这些动作时，就预示着自己该睡觉了。一旦形成心理暗示，就会降低孩子的反抗心，睡意也会悄然袭来。

如何让孩子秒变干饭人

父母在培养孩子的饮食习惯时，不要只顾及孩子喜不喜欢，而是要想办法让孩子不挑食，让他们尽量尝试不同的食物。

场景回放

早饭，妈妈准备了小米粥、煮玉米、煮鸡蛋和炒青菜。可茵茵只喝小米粥，其余的东西一律不吃。

妈妈苦口婆心地劝着说：

茵茵，你不吃其他食物会营养不良的，身体不能长高高哦！

尽管如此，茵茵还是只喝粥，不肯吃别的。

场景解析：

“但凡是绿色的蔬菜，让他吃一口比登天还难。”

“我儿子除了米饭和肉，其他东西看都不看一眼，现在体重超标，还营养不良。”

不爱吃的东西一口不碰，这似乎是所有孩子的通病。可做家长的都很清楚，孩子偏食必然会影响身体发育。毕竟，吃才是孩子在成长过程中获取营养的最佳途径。

然而，比起担忧孩子偏食，有些父母更在乎的是孩子饿不饿肚子。于是，在没有办法劝阻孩子吃不喜欢的饭菜时，就只能让孩子去吃他们喜欢的。

比如，有的孩子就爱酸甜口味的东西，于是父母在做饭菜时就偏好于做酸甜口味的食物，如糖醋鱼、糖醋银耳、可乐鸡翅等等，看着孩子吃得津津有味，父母深感欣慰。可是，孩子虽然吃饱了，但顿顿饭里有糖，就会使人体内摄取过多的糖分，造成高糖类疾病。

现如今，网购速食行业越来越发达，有些父母出于节省时间、给孩子变换口味等因素考量，经常网购速食品囤在家里。而孩子为什么不喜欢吃父母忙碌了1个小时做好的饭菜呢？就是因为家常饭菜在色香味上远不如速食品更新颖、更好看、更够味儿。

所以，孩子一看饭桌上的饭菜，便噘嘴说："没有我爱吃的，我要吃烤肠、酥油饼和米线，我不要吃这些。"

时常用网购速食品代替正餐给孩子吃，每日孩子的饮食习惯就会慢慢被带偏。看当下很多年轻人，他们基本不吃正餐，每日都在吃速食品。有的说懒得做，有的说做饭耗时耗力，味道还没有现成的好吃。而肠胃疾病、高血压、高血脂等疾病也越来越年轻化。

由此可见，有时候父母的一些行为会加剧孩子的不良饮食习惯。所以，孩子今后是变或挑食界的王者还是干饭界的小达人，这都离不开父母的干预和影响。

给父母的建议：

孩子的饮食习惯并未攥在孩子手里，而攥在父母手里。如果想让孩子变身干饭小达人乖乖吃正餐，父母就要从此时此刻起摒弃那些不好的饮食习惯，慢慢帮孩子调整口味，调整对健康饮食的认知。

1 别再让速食品出现在正餐餐桌上

比如，餐桌上要避免各种炸货，腌制品以及各种五颜六色的速食品等。只要这些东西不摆在桌子上，孩子就会将目光放在家常食物上。

2 帮孩子控糖

如果平时做饭总是放糖，或做成酸甜口味的孩子才会吃。那就一点一点减少糖的用量。不要一次性断糖，突然吃不到甜食会引起孩子的逆反心理。让甜度一点一点往下降，孩子有个适应的过程，就会慢慢摆脱对甜食的依赖。

3 把孩子不爱吃的菜榨成汁

孩子不爱吃菜，那就把这些菜榨成汁揉进面里，做成饺子、面条、馄饨、疙瘩汤等。孩子总会被漂亮的颜色吸引，然后胃口大开。当孩子喜滋滋吃的时候，父母可以拿出做成美食的蔬菜，让孩子知道自己吃的食物是由哪些蔬菜做成的。慢慢地，孩子就会接受这些蔬菜。

4 三餐定时定点，零食少吃或者不吃

一日三餐定时定点，有助于帮孩子形成固定的生物钟，让孩子到点就饿。在饥饿的状态下，孩子不仅不会挑食，还会越吃越香。

要让孩子吃好正餐，就要把吃零食的时间与正餐分开2个小时。孩子不是非零食不可，这同样是父母爱孩子心切，总觉得不给孩子多准备些零食就是委屈了孩子。事实上，如果家里一点零食也没有，孩子看不到也就不会想吃。

怎样让孩子配合快速穿衣

给孩子穿衣服，如果只是把目的放在能不能迅速穿好上，那一定会是个耗时耗力的大工程。因为目的错了，行为上就会出错。

场景回放

妈妈拿着衣服叫天天穿上，可是天天只顾玩玩具，根本不理睬妈妈。妈妈只好一边哄着，一边给天天穿。等到穿裤子的时候，天天说什么也不肯穿，总是穿到一半就脱掉，还嚷着：

别扭！不要穿！

就这样，为了穿好一条裤子，足足花了半小时。

场景解析：

很多父母想不明白，穿衣服而已，让孩子配合一下怎么就这么难呢？

网上有位妈妈分享说：“每天早晨给我儿子穿衣服，我就像跑了 5 公里，又累又喘，衣服还穿不好。令人气愤的是，刚穿了这个裤腿他又脱那个裤腿，还摆鬼脸，躲床角挑衅。”

道理给孩子讲了一堆，哄也哄了，劝也劝了，训斥或是用强，所有能想到的办法几乎都用过了，孩子在穿衣服这件事上依然不肯用心，究竟是什么问题呢?

孩子虽然到了上幼儿园的年龄，但自我意识毕竟刚刚萌芽，在这个充满好奇心又比较自我的年龄段，比起听父母话，孩子更喜欢沉浸在自己的小世界里。所以，对于父母发出让穿衣服的指令时，孩子若选择视而不见，那一定是被其他事情转移了注意力，并非故意与父母作对。有时，孩子不好好穿衣服，看似是在挑衅父母，其实是想与父母互动，只不过没有选对时间，更没有选对方式。

有一部分孩子不会表现得太皮，可以安静地配合父母穿衣服，但是安静只是一方面，并不代表能够顺利快速地把衣服穿好。有的父母说：“虽然孩子很乖，但是让他捏紧袖口，总是捏到一半就松手。让他往右边伸腿，就偏偏要伸到一个裤腿里。太令人抓狂了。”

孩子的成长是有规律的，3~6 岁的孩子，肢体协调能力无法做到完美配合。所以，当父母让孩子捏紧袖口时，孩子瞬间松手并不是因为贪玩或不认真，而是不知道手指该怎么用力捏紧，或者是手部力气小，使不出太大力。

有时，尽管父母说的话非常简单，但孩子不一定理解。因为孩子的理解能力和思考力会受限于认知面与智力发育。比如，妈妈给孩子穿衣服时，让孩子“扬胳膊”，而孩子一动不动，这是因为他并不知道什么是“扬胳膊”甚至不清楚什么是“扬”，哪里是“胳膊”。

孩子不愿意配合穿衣服的另一个原因，是因为他们开始有独立的想法了。比如，你给他选的这件衣服，不是他喜欢的，他就会用不配合进行抗拒。而且，你越是说服他穿，他越是叛逆，更加不愿意配合。

所以，对于孩子为什么不能好好配合父母穿好衣服，这里面其实隐藏着很多细微的育儿盲区。要想让孩子与父母配合默契，就得提高孩子在穿衣方面的各种常识和实践力。

给父母的建议：

给孩子穿衣服，孩子不配合，父母先别着急发火，因为父母的吼声会让孩子因为惊恐不安而停止思考。想让孩子好好配合，并尽快学会自己穿衣，父母就要试着去体谅孩子的不理解和无力感。

❶ 用孩子喜欢的玩具调动孩子配合

把孩子最喜欢的玩具摆放在附近，然后对孩子说："如果你现在配合妈妈把衣服穿好，你就还有时间陪你心爱的玩具玩一会儿，否则它就只能孤零零地回到收纳箱里去了。"当孩子接受到，只有穿好衣服才能玩玩具的时候，就会乖乖选择配合父母把衣服穿好。

❷ 选衣最重要的是舒适

孩子往往带有季节性的不配合父母穿衣服，比如，夏入秋，秋入冬的时候。毕竟体会了一个夏天的清爽后，要被厚实的衣服束缚，那种感觉非常不舒服。所以这就要求父母在给孩子选入秋的衣服时，无论是上衣，还是下衣，尽量选择宽松、简单、容易穿脱的。切记不要选紧身、无弹、还有过于繁琐的，尽量让孩子的肢体没有过多束缚感。

❸ 给孩子准备一组帮娃娃穿衣服的玩具

市面上有很多给玩偶穿衣服的玩具。如果自己的孩子对穿衣的理解总是很含糊。可以给孩子准备这样一组玩偶。让孩子在玩乐中亲自动手去体验穿衣的先后顺序，将穿衣的肢体动作与衣物间联系起来。

让孩子能够完全配合父母穿好一整身的衣服，可能需要几个月甚至半年的时间，这是一个无比漫长的工程。所以，父母不要强求孩子立刻变得又乖又伶俐，而是要做好循序渐进的准备。

孩子不爱刷牙，怎么办

在孩子的世界里，任何的不喜欢都是因为无趣。人总是因为无趣才拒绝，因为有趣才试探。而刷牙就是一件无趣的事情。

场景回放

晚饭后，爸爸叫航航去刷牙，航航进洗手间不过几秒钟就出来说：

我刷好了。

可是等爸爸进洗手间后，发现航航的牙杯里干燥得没有一点水痕。这才知道航航不仅没刷牙，还撒了谎。在爸爸的一再询问下，航航才说：

我用手捧着水漱了漱嘴。

场景解析：

父母都希望孩子能拥有一口健康的好牙齿，牙齿健康，孩子才能正常咀嚼食物。坏牙、蛀牙不仅影响孩子饮食，还会让孩子遭受牙疼、拔牙、补牙的痛苦。身为父母，最看不得孩子受疼痛之苦。而且父母也非常希望孩子能拥有一口洁白整齐的牙齿。所以，从孩子 3 岁时起，父母们就应该注重让孩子做牙齿保健。可是，父母虽有良苦用心，但孩子并不理解，有些孩子对于刷牙几乎是深恶痛绝的，能用水漱漱嘴就绝不动用牙刷。

尽管父母反复给孩子讲述刷牙的好处，但是对孩子的触动基本为零。每次叫孩子去刷牙，孩子要么装作听不见，要么死活不肯去。父母对此没有一点办法，最后只能连吼带打地让孩子哭着把牙刷了，但这毕竟不是长久之计。

孩子不爱刷牙并不是极个别的案例。据统计，让孩子爱上刷牙并习惯主动刷牙是件概率极低的事情，可以换算到万分之一的概率。这数据之所以如此令人触目惊心，是因为刷牙这看似件特别小的事情，实际对孩子而言却充满了多项挑战。

比如，牙刷碰触牙龈的感觉令孩子非常不舒服；牙膏在嘴里起沫后让孩子觉得恶心难受；牙膏误吞进肚子里后造成孩子肠胃不适；刷牙会耽误孩子玩乐的时间……总之，经过一次次体验后，刷牙带给孩子的大多是不快乐的感觉，因此，很少有孩子喜欢刷牙。

所以，比起一次又一次强迫孩子刷牙，父母最应该考虑的是如何让孩子爱上刷牙，如何让刷牙变成一件简单、轻松，又有意思的事情。

给父母的建议：

想让孩子去喜欢一种行为，首先这种行为要让孩子觉得好玩有趣，才能勾起他们的兴趣和想要尝试的欲望。父母只要抓住这几点，就能慢慢让孩子喜欢上刷牙，并逐渐形成习惯。

① 让孩子自己选喜欢的牙刷、牙膏和牙杯

带着孩子选牙刷和牙膏的时候，不如把决定权交给孩子。当孩子知道自己的用品可以由自己决定时，心里肯定是非常高兴的。接下来，不

管孩子选了图案多么复杂或夸张的牙刷，都要认可孩子的决定。至于牙膏的味道，孩子肯定也会选自己喜欢的。

等孩子选好牙杯后，父母可以让孩子在牙杯上贴上独属于自己的标志物，再加上孩子的名字。然后把牙刷和牙膏通通放里面，这就容易让孩子对自己的牙具产生归属感。

② 给孩子准备一组刷牙玩具

如果父母担心孩子不知道怎么用牙刷，也不知道怎么给牙齿做清洁的话，可以提前给孩子准备一套刷牙玩具，然后和孩子一起在玩具上模拟刷牙的动作和方式。在玩乐中让孩子熟练掌握刷牙的步骤，再应用到实际操作中，这样就能避免很多问题。

③ 让音乐和舞蹈渲染刷牙的气氛

与其整日吆喝孩子刷牙，不如改用欢快的音乐带动孩子刷牙。父母可以多搜几首欢快的刷牙歌，等音乐一响，父母再向孩子招手说："宝贝，来吧！和爸爸妈妈一起嘻唰唰。"父母拿着牙刷跟随音乐舞动的欢乐感会瞬间调动起孩子，让孩子感觉刷牙是一件既带感又好玩的事情。

④ 让孩子对着镜子刷牙

让孩子对着一面大镜子刷牙，孩子就能看到镜子里的自己在刷牙时是多么有趣，龇着牙的样子有多么好玩又搞怪。利用镜子提升刷牙的乐趣感，让孩子看父母刷牙时做的各种鬼脸，想想就觉得有趣。

总而言之，想让孩子爱上刷牙并养成每日刷牙的好习惯，父母就要让孩子像爱上玩玩具那样，让刷牙变得不再单调枯燥。

孩子的教养从餐桌开始

什么是一个人行走在世间的最美名片呢？就是看这个人坐在餐桌前，能否给别人一种坐姿正、有教养、举止优的良好形象。

场景回放

在朋友的订婚宴上，服务员端上来一盘西芹炒腰果。

我要吃腰果。

涛涛一边说一边转动转盘。

你别动，我帮你夹。

我还要，我还要。

涛涛自己拿着勺子把盘子里的腰果都扒拉到自己面前的小碗里。

宝贝，够了，别人还没吃呢。

旁边有人说：什么孩子啊。

妈妈尴尬地想立即离开这里。

场景解析：

文化学者马未都曾在一档节目中分享了一个故事，说朋友的家中有来客，朋友的父亲出于礼貌，便一同陪着吃饭。饭后，父亲却对朋友表示，这位客人不可深交。父亲的解释是这样的：这位客人在夹菜的时候，用筷子在菜里翻来翻去，只挑拣自己喜爱的吃，根本不顾及旁人感受。虽然只是一个很简单的动作，却也看得出他为人自私。

一个人的品性和教养体现在日常的点点滴滴。不要小瞧了一张小小的餐桌，它就像一面镜子，可以映射出一个人背后的家庭和内在修养。

如今，父母越来越在乎孩子吃的问题。然而，父母们关注的却是孩子吃得好不好，营养够不够，能不能吃饱。尽管孩子坐无坐相，吃无吃相，父母依然慈爱地看着孩子，只管帮孩子夹菜、喂食，却从未想过纠正孩子的用餐举止。

父母难免要带着孩子进入公共用餐区域，如果孩子站立在凳子上、用筷子翻菜、大吵大闹、屡次打翻果汁、霸占自己喜欢的食物的话，旁人看到后的第一反应就是厌恶和嫌弃，给出这个孩子不及格的分数，然后恶其余胥，认为孩子的父母不仅失职，很可能也是这般缺少素质和教养。

网上流传一句话："孩子的行为即父母的行为，孩子的现在即孩子的未来，而孩子的未来即父母的现在。"所以，父母不要因为孩子还小，就忽视对孩子普及"食育"。小小一张餐桌，是旁人眼中品性及自身涵养的体现。

给父母的建议：

所谓食育，是指对饮食行为的教育。从孩子可以开始自主进食的那一刻起，父母就应该注重对孩子这方面的教育了。

① 不要先安排孩子的餐食

除了给孩子的加餐，吃正餐时，父母应该让孩子和家人同步进餐，而不是先安排好孩子，长辈最后再吃。如果长期将孩子的正餐时间安排在全家人之前，孩子就会认为自己的饥饱问题高于一切，谁不吃都没关系，自己必须先吃。

② 招呼老人一起进餐

如果家里有爷爷奶奶，父母可以让孩子去叫老人："宝贝，你去叫爷爷奶奶过来吃饭，好不好？"只要家中有长辈未入座，就让孩子去请，次数多了，孩子自然会明白，吃饭前，要等长辈落座后，才能正式开饭。

③ 就餐中的礼仪绝不能含糊

就餐时，如果孩子有想自主进食的欲望，父母可另外准备一个盘子，提前将每样菜夹一些放在孩子跟前，方便孩子自取。有些行为是坚决不允许孩子做的，比如吃饭时玩玩具、敲打碗筷、大喊大叫、在菜里翻来翻去、霸占爱吃的食物等等。若孩子出现这些行为，父母要明确告诉孩子不可以，如果孩子屡教不改，就暂时停止孩子进食。

④ 纠正孩子行为时，态度要温和

严格并不表示严厉，父母要注意自己的态度，孩子犯的不是什么天大的过错，只是一个行为上的不当。当父母发现孩子喜欢霸占爱吃的菜时就应该告诉孩子："吃多少，盛多少。把盘子拉到自己面前，这种行为是错误的。"父母把盘子放回去，然后给孩子夹点放进碗里。用淡定的言语和简单的动作告诉孩子应该怎么做。如果孩子耍闹，不用理会。毕竟是在家里闹，总比在外面当着外人的面闹要好得多。

和孩子一起送玩具回“家”

也许爸爸妈妈们并不知道，每天帮孩子收拾的玩具并不是玩具，而是孩子的散漫、懒惰和随性。

场景回放

妈妈下班回家，一开门，映入眼帘的是一地的玩具，大大小小，各种各样，似乎儿子是把他从出生到现在这几年间积攒的所有玩具全部捣鼓了出来。

妈妈喊默默，让他收拾下。

不要动，我一会儿还玩呢。

事实上是，直到默默睡着了，玩具也没有收拾好。

场景解析：

但凡家里有个 3~6 岁的小孩子，就总能从各个角落里摸出玩具来，有时睡觉都会被硌到。绘本扔得到处都是，好似书架是用来摆着看的一样。蜡笔、马克笔混在一起铺成一大片……就这样，父母就像孩子的跟屁虫，永远跟在孩子屁股后面捡这个拾那个，不停地收拾。有时收拾了，还会招来孩子嫌弃：“谁让你动的？我还要玩呢？我特意放在那里的。”虽然他不一定玩，最后依然是父母悄悄帮着收拾起来。

“很疲惫。每次下班回来前都在想怎么跟孩子互动，怎么教孩子一些道理。可是当你看到满地玩具的时候，真的就只剩下疲惫感了。”这是一位妈妈的原话。但是，比起身体上的疲惫，令这位妈妈更苦恼和无力的是，无论怎么教孩子整理，孩子都置之不理。

对孩子发火，孩子边哭边收拾，这种现象基本成了很多家庭的常态。发完火后父母后悔，孩子收拾完这次扭头就忘。这就像陷入了一个循环，怎么都挣扎不出来。有的父母甚至说：“你再乱丢玩具我就把你丢出去，永远别回来了。”可是父母越这样说，孩子越叛逆，听他摔打玩具的声音，就知道他有抵触。

没办法阻止孩子玩玩具，更没办法禁止孩子丢玩具，在尝试了几次后，有的父母见没有效果，便干脆做了甩手掌柜，心想：“孩子也就这几年会玩玩具，干脆就乱这几年，等孩子长大了也就好了。那些心灵鸡汤里不是总说，要学会放过自己吗？”

儿童心理学专家认为，在孩子的世界里，玩具是最主要的构成部分，让孩子收拾玩具，看似是小事，折射的却是孩子做事的态度。所以，父母要让孩子养成主动收拾玩具的习惯。

给父母的建议：

父母放任不管，或者总是代替孩子去做，这会影响孩子的心理成长和智力发育，轻则让孩子变得随性散漫，重则让孩子只知坐享其成，不知感恩。为什么一定要让孩子学会整理玩具呢？最重要的目的是为了培养孩子为人做事有始有终的习惯。

❶ 用游戏的方式召唤孩子收拾的欲望

当父母看到孩子把玩具丢的到处都是，茶几上、地毯上、沙发上、桌子下面散落着各种各样的玩具时，不用吼叫，只要对孩子说声："宝贝，快把那辆消防车递给我，它的任务已经完成了，该送它回家了。"孩子必然会兴高采烈地将消防车送到你手里，送它回家。

接下来，父母指着沙发上的玩偶说："沙发上的大兔子，它也要回家找妈妈咯。"孩子会继续开心地配合你。就这样保持这个节奏，和孩子像玩游戏一样，不一会儿就能让孩子配合父母把大部分玩具收拾妥当。

❷ 慢慢来，每次进步一点就可以了

当看出孩子有点累的时候，父母要让孩子休息一会儿："好了，勤奋的邮递员，你可以休息会儿，剩下的就交给我来吧！"

不要总想让孩子一次性就能把所有玩具收拾好，只要有一次收拾的过程让孩子出现反感情绪，再让孩子配合就难了。所以，父母要慢慢来，循序渐进，效果才会一次比一次好。

❸ 灵活变更游戏方式，激发孩子继续收拾的欲望

需要父母注意的是，在和孩子一起送玩具回家的过程中，孩子难免出现闹情绪或不愿意继续收拾的情况。这时候，父母不要置之不理，要想办法让孩子继续和自己一起做。比如，来一次竞赛小游戏，看谁能在规定的时间内放回更多的玩具，或者看谁摆放的玩具更整齐等等。

怎样从小培养孩子的阅读习惯

父母与手机、电视争夺孩子，失败的概率能达到100%。而阅读与手机、电视争夺孩子，最差也会打个平手。

场景回放

俊俊一直拿着手机玩，妈妈提醒了几次，俊俊都没有听到，妈妈只好以打电话为由拿过了手机。可妈妈前脚刚走，下一刻就听到了电视的声音。

俊俊，你不能刚放下手机就又看电视，你能不能玩会玩具啊？

俊俊依然对妈妈的话不理不睬，只管看动画片。

场景解析：

有的孩子不到3岁就开始迷恋手机和电视，只要面对屏幕，基本就是两耳不闻窗外事，一看就是几小时。作为父母，用尽了雷霆手段，却依然无法割断孩子对它们的迷恋。

一些明智的父母知道孩子的生活太单调枯燥，而手机和电视恰好弥补了孩子生活中的空白，所以孩子被吸引并不奇怪。但沉迷其中毕竟有害无益，因此有的父母会经常带孩子在现实世界中寻找快乐。然而，父母不可能每天都带孩子出去玩，大部分时间还是得在家里。只要回到家，孩子就像是陷入了某种固定模式，不是打开电视，就是捧着手机。

在某些家庭里，家与手机、电视之间的确已经产生了某种信源关系，而开启信源关系的按钮，又与父母有着千丝万缕的联系：

孩子哭闹，爸爸急中生智用游戏画面哄孩子开心；孩子常来打扰，妈妈只好先开电视稳住孩子；周末闲暇时光，妈妈开心地和孩子一起刷视频、购物、追剧……

不管是无奈之举，还是无心之失，很多父母都成了孩子和屏幕世界之间的搭桥人。当孩子总是被屏幕里的东西所吸引，他们的思维能力就更趋于单一性。东西看得越多，获得的满足感也就越强烈。所以，孩子沉迷手机、电视是因为了获得精神上的快感和满足。而实际上，阅读也可以达到同样的效果。

一个从小就有阅读习惯的孩子，虽然也会玩手机或者看电视，但是他们不会把时间都用在这上面，因为在他们的潜意识里，阅读已经先一步占据了一席之地。也许阅读和手机、电视间存在某种竞争关系，但是习惯永远高于欲望，当孩子面临选择时，大脑会第一时间下达指令——“我要去看书”，这就是习惯成自然。所以，父母若不想让孩子太迷恋手机和电视，就该趁孩子年幼培养他的阅读习惯。

儿童文学作家金波说：“单单学习语文并不能代替阅读，孩子需要文学，这种营养是感情的营养，可以丰富孩子的心灵。”有良好阅读习惯的孩子，三年级以后成绩会突飞猛进，因为他已经拥有了超越同龄人的理解力、专注力和思辨力，知识面也广。

儿童阶段是培养阅读兴趣最重要的时期。要想让孩子找到阅读的乐趣，主动去阅读，家长就需要动动脑子，用一些高明的方法引导孩子爱上阅读。

给父母的建议：

幼儿时期正是帮孩子建立良好阅读习惯的黄金时期，只要阅读习惯被建立起来，手机和电视就会自然地变成选项之一，而不是必需品。那么，小孩子的阅读习惯要怎么去建立呢?

① 在孩子面前放下手机

不要再因为成年人的习惯而使孩子“被迫”爱上手机。无论是打游戏、刷视频、追剧，还是网购，尽可能避开孩子，只要父母做好这些，就能降低孩子对手机的概念。

② 别让手机和电视成为哄娃神器

无论孩子是闹情绪，还是打扰到了你，都不要用手机或电视去转移他们的注意力。这样做，只会让孩子觉得手机和电视是个好东西，是必需品，是除父母之外最能给自己带来快乐和安全感的东西。总之，尽量减少让孩子接触手机和电视的机会，阅读才能被尽快提上日程。

③ 每日固定时间陪孩子坚持阅读

想让孩子喜欢上阅读，就先从绘本下手，绘本图画面积大，故事情节简单有趣，更容易吸引孩子的目光和专注力。一开始时一定要多给孩子选择纸质版的书，等孩子喜欢上了阅读，再偶尔结合电子书。因为纸质书所带来的阅读效果是最好的。

然后，规定好固定的阅读时间。比如，每天晚上 8 点开始和孩子一起阅读。只要固定好了时间，就不要轻易打破阅读规律，因为习惯都是在坚持和循序渐进中培养出来的。

第八章

构建信赖关系，陪孩子安全度过叛逆期

如何满足叛逆期孩子对爱的需求

有学者说:“父母和食物一样，都是有‘有效期’的。”在孩子需要爱的年纪，如果父母错过了，是没有机会弥补的。

场景回放

妈妈给女儿打去电话，一开始是嘘寒问暖，到后来开始嘱咐女儿。

性子不要总是那么偏激，别动不动就跟朋友或同事闹意见……

说着说着，电话那头的女儿就失去了耐心，对着电话喊道:

有完没完？在我小的时候你不管不问，现在嫌我这不好那不好，晚了，改不了了。

场景解析：

20世纪末，美国比较心理学家哈洛做了一项实验，他将一只未断奶的小猕猴带入实验室，在实验室里给小猕猴准备了一个用铁丝做成的妈妈和一个用绒布做成的妈妈，只在铁丝妈妈那里给小猕猴挂上了奶瓶。原本人们以为小猕猴会更喜欢铁丝妈妈，可是，小猕猴只有在吃奶的时候才会到铁丝妈妈怀里，等吃饱了会立刻回到绒布妈妈那里去。

这项实验证明，相较于满足生理上的需求，孩子更需要的是柔软且有温度的爱抚和心理关怀。

扪心自问，你每天都会拿出时间来陪伴孩子吗？你有没有经常和孩子说说话，聊聊天呢？

如果在未来的某一天，你发现自己和孩子在一起时竟无话可说，孩子不冲你撒娇，也不主动找你交流，而你对孩子的事一无所知，也不清楚他在想什么。到那时，失去亲昵的羁绊，父母和孩子之间就当真只剩下血缘的维系了。

对于 3~6 岁的孩子而言，他们需要的不仅是物质上的满足，而是妈妈的爱抚和爸爸的关怀。孩子的种种性格不是天生的，有数据显示，孩子百分之八九十的性格都是在 3~6 岁间定型的。在这期间，常被父母陪伴的孩子，因为在充满爱的环境下长大，所以他们阳光、自信、开朗、善良；很少被父母陪伴的孩子，因为缺爱而自卑、消极，他们极度渴望被爱被关怀，活得小心翼翼，会因为一点关爱就迷失自己。

作为父母，不要光靠嘴上说爱孩子，因为言语上的爱是最没有说服力的。爱孩子就要用行动去证明，怎么做呢？就是在孩子最需要陪伴的时候给予他们最好的陪伴。

给父母的建议：

陪伴不是简简单单站在孩子身边，伴随其左右就够的。“陪”字除了“立”还有“耳”和“口”，也就是说，除了站在孩子身边，父母还要跟孩子进行心的交流，要多听多说，而不只是身体的靠近。所以，有些父母虽然天天守着孩子，但孩子该叛逆叛逆，该任性撒泼就任性撒泼，就是因为他们的陪伴是无效陪伴，这种无效陪伴不仅没有安抚孩子的情绪，甚至还在无形之中刺激了孩子的孤独感。

① 在外地工作，也要多和孩子通话

父母工作再忙，也不要忽视了孩子的需求。哪怕是迫不得已要去外地工作的父母，即使无法时刻守在孩子身边，也要每隔一日与孩子通通电话或视频，让孩子看到父母的音容笑貌，让孩子感受到你发自肺腑的关爱和歉意。也许这样的陪伴是有遗憾的，但如果能让遗憾减半，能让孩子知道自己始终是父母心坎里最在乎的人，孩子的心也会暖一半的。

② 清晨，给足孩子陪伴

有些父母说，每天早晨去上班都要偷偷走，若不小心被孩子看到了，就是长达半小时的拉扯和哭闹。孩子为什么黏你，不让你去上班呢？因为孩子觉得孤独，他只是想要你的陪伴而已。

孩子睡醒后，父母若能主动陪伴孩子，哪怕在给孩子穿衣服时逗着孩子玩乐一会儿；在孩子刷牙洗脸时，与孩子做做鬼脸，玩玩游戏；吃饭时，给孩子夹爱吃的菜，陪孩子聊聊天等等，都能让孩子感受到父母的关注。别小看这几十分钟的互动，只要让孩子感受到了父母的陪伴，孩子也不至于在父母准备去上班时哭得撕心裂肺，甚至还会主动开心地与父母说声“爸爸妈妈再见，你们好好工作哟！”

人与人的情感是相互的，而陪伴是孩子获得情感支撑的主要方式。一个从小被爱填满的孩子，他的心有情感支撑，就不会被叛逆情绪趁虚而入。所以，请在孩子需要陪伴的时候，用心守在孩子身边。

给孩子“无条件的爱”

万物生长，需要阳光直射；孩子精神人格的成长，需要爱的滋养。爱的纯度有多高，孩子的精神人格就有多健康。

场景回放

琪琪想去动物园玩。

想去动物园？除非你答应去上兴趣班，想去哪儿妈妈都带你去。

琪琪想了想就答应了。可是，每次去舞蹈班时，琪琪都委屈地说：

我能不去吗？

妈妈自然不会同意。

如果你说话不算数，今后不会再带你去任何地方。

场景解析：

假如你最在乎的人给予你的每一份爱里都捆绑着条件，你乐意接受这样的爱吗？如果接受了，你真的开心吗？

在爱里放上条件，就等于是在告诉对方：“我没有接受你，我对你的爱并非坚定不移，除非你按照我的指示去做，让我感受到了快乐，我才会施舍一部分爱给你。”

有些孩子在父母面前总是唯唯诺诺，不敢大声说出自己的需求，不是因为孩子天生性子懦弱，而是他们并不相信父母会痛快答应，他们担心自己提了一个要求后，换来的只有责备和附加条件。

视频上，一个孩子正哭得稀里哗啦地：“你们总是这样，我不过就是要喝杯奶茶，还要我扫地，就知道欺负我，你们就不爱我，只知道使唤我……”

父母总觉得满足孩子时如果能加上一些要求，恰好可以让孩子按照自己的教育方式去成长，但他们却疏忽了重要的一点：爱一旦有了条件，就像刚过期的面包，扔了心疼，但吃下去味道又苦又涩，还会危害健康。年幼的孩子不会扔掉这个面包，只会硬着头皮吞下去。所以，这些孩子虽然得到了满足，却也感受到了屈辱，慢慢就会失去对父母的敬畏心和信任感。

父母的爱里有条件，换来的就是孩子有条件的爱。

“儿子，过来帮爸爸捶捶背。”

“你给我买个新玩具，我就给你捶背。”

常言道：种下什么“因”，就会收获什么“果”。父母若总是在爱孩子的时候加上一些条件，那么孩子同样会在爱父母这件事上索要条件。

有条件的爱，相当于不爱。只有无条件的爱，才能让孩子感受到父母传递过来的暖意和关怀。当孩子感受到的爱是轻松地、自然地，充满了真挚与温暖的，孩子就会以相同的方式去爱护自己的父母和家人。爱是传递信任的箭羽，要想让孩子无条件地信任父母，父母首先就要给孩子无条件的爱。

给父母的建议：

要做到无条件地去爱自己的孩子，父母要先弄清楚什么是无条件的爱。这种情感是不需要理由的，跟孩子的优点、缺点和行为习惯以及性格好坏没有任何关系：“我就是爱我的孩子，不管他是否优秀。”

❶ 多去关注孩子的优点或长处

儿时的郑渊洁调皮又轻狂，就连学校也拿他没办法，那时很多人都认为他这辈子只会浑浑噩噩。但他的父亲却认为他头脑灵活、想象力丰富，并不是一无是处，甚至还支持他说：“没事，小子，我回家自己教你。”在外人看来这位父亲是在说笑，可郑渊洁看到的却是父亲的信任和无条件的爱护。

许多年后，郑渊洁的《皮皮鲁总动员》成为名列全球第四的作品，他说：“我一辈子对父母都非常感恩。”

孩子有缺点和短处，就必然有优点和长处。做父母的要多去发现孩子的优点和长处，这样才能免去对孩子的很多苛责。从心理学角度说，父母尽量少去苛责孩子，即使他性子顽劣或愚笨，也要发自内心地爱孩子、信任孩子、肯定孩子。在这份爱意的鼓励和加持下，孩子也会慢慢建立起积极正面的自主意识。孩子虽然年幼，却也懂得感恩和回馈，面对父母无条件的爱，孩子只会让自己变得越来越好。

❷ 孩子犯错后，也别忘记继续爱孩子

无条件的爱不是放纵或默许孩子去做一些不恰当的事。当孩子犯错误或不遵守行为规范时，父母该教育是一定要教育的，但这并不妨碍父母去爱自己的孩子。

比如，孩子摔坏东西，父母要求孩子承担责任，自己把东西收拾好。等孩子收拾好之后，这件事就已经处理完了，父母不要再苛责孩子，让该过去的过去，恢复常态，依然对孩子温柔以待。不要让孩子承受冷漠神情下传递过来的情绪冷暴力。

父母对孩子的爱就该做到《麦兜的故事》中麦太对麦兜说的："全世界的人不爱你，我都只爱你；全世界的人不信你，我都只信你；我爱你爱到心肝里，我信你信到脚趾头里。"

③ 慢一点，跟着孩子的节奏走

一旦为人父母，再从容的人也难免张惶不安。我们一路拉着、逼着孩子为了成绩和名次拼尽全力奔跑。最后，孩子越来越叛逆，父母越来越焦虑。

有人说，教育孩子就像是牵着蜗牛散步。催促、呵斥和使用暴力拖拽只会把孩子推向不合作。不如放慢脚步，允许他慢慢来。意大利教育家蒙特梭利说："每个孩子的成长都有一个程序，在某个年龄阶段该领悟什么样的知识，掌握什么样的能力，是固定的，你没办法强求，若是过分地加以干涉只会毁了他。"

尊重孩子的话语权

教育学家帕梅拉·德鲁克曼说：“即使孩子有不对的地方，父母也有责任倾听并且领会他们的动机。孩子有不同寻常的反应时，背后一定是有原因的。父母应该认真倾听孩子，并向他们解释这个世界。”

场景回放

回到家里，兰兰对妈妈说：

妈妈，我告诉你一个秘密哦……

未等孩子说呢，妈妈就说：

你今天在幼儿园有没有认真听老师话？

妈妈，你听我说……

妈妈再次打断道：

今天都学了些什么？

兰兰非常生气地回道：

不知道。

场景解析：

每个孩子都有特别强烈地表达欲望，当他们有一些新发现或新想法时，最想在第一时间说给父母听。这时候，父母是选择让孩子说，还是打断孩子，这两种不同的做法，会给孩子的性格和思维模式带来不同的影响，让亲子关系也变得不同。

网上有位年轻人表达了自己的想法，他说："谁小时候说话不是想到什么就说什么呢？但是我真的很讨厌父母的态度，他们没有一次让我把话说完，那种话说一半就被无视的感觉，真的令我很沮丧很受伤。后来，我有心事的时候宁愿去跟一个陌生人说，也不想跟父母说。"

虽然孩子年龄小，认知有限，经验浅显，思想简单，但孩子也是非常在意话语权的，这跟孩子能不能组织好语言去阐述一件事情没有任何关系，他们只是希望父母能听到他们的声音，明白他们的想法，在自己想说的时候，有一个真诚的倾听者去尊重他们的发言，重视他们的感受。如果这一切都得不到，孩子就只能在一次又一次的打击中学会闭嘴，然后把闭嘴当成一种习惯，直到意识里再无与父母交流的欲望。

有人说：单方面的输出与压制并不能搭建出健康的亲子关系，父母应让孩子觉得自己在他们面前也是很有分量的存在。换句话说，就是父母要尊重孩子，给孩子更多的话语权。

如果父母完全掌控孩子的童年，不允许孩子发表意见，孩子成年后就会习惯性地把麻烦甩给父母，而不是自己想办法去解决。李开复说，"一个孩子如果长大了还只会背诵知识，听话被动，什么都等着别人帮他作决定，那他就算不被欺负，也不会被重视。"

要想孩子长大后有主见有担当，从小就要听听孩子的意见，多和他商量，把孩子的想法放在心上。孩子的一些小事，不妨交给他自己去决定，哪怕孩子错了后悔了，也是孩子应该经历的成长之路。孩子有手能做事，有脑能思考，教育的最终目的就是让孩子成为能为自己负责的人。

给父母的建议：

人与人的信赖关系在建立之初靠的就是语言体系。父母允许孩子在想说的时候尽情表述，孩子的心里就会觉得很暖，而这股暖意里包含着对父母的信任、依恋、敬畏，和对自我的高度认可。有些人一辈子都难以认可自己，也学不会去认可别人。但是，那些在拥有极高话语权的环境中成长起来的孩子，自我认可度很高，懂得爱护自己，也懂得去爱护父母和身边的人。

❶ 不轻易打断孩子的发言

很多年前的一个夜晚，有个小男孩对着月亮跳呀跳，妈妈问他在做什么，他说想到月亮上去。妈妈并未因为孩子这样荒谬的想法而强行带走孩子，而是在原地认真听孩子诉说那缺乏逻辑又天马行空的想象。很多年后，这个小男孩竟然真的成为世界上第一个登陆月球的人，他就是阿姆斯特朗。

设想一下，如果小男孩的母亲在听到孩子说要蹦到月亮上去之后，就打断了孩子这番幼稚可笑的话，就会扼杀掉孩子对这个梦想的追求。

童言童语充满了天真、想象和无忌。孩子的很多话里藏着对这个世界的探索和创造力，这些话听上去也许有些好笑和荒诞，但是父母一定要保护好孩子这项本能，保护的方式就是不轻易打断孩子的发言，让孩子尽情地去表述。也许在表述的过程中，孩子的梦想就在那里发了芽。

❷ 再忙，也要给孩子说的时间

有时孩子来找父母说话的时候，父母刚好在忙着。这时候，父母不要将孩子打发走，因为我们并不知道孩子想说些什么，而不知道就会错过很多引导孩子的机会。

比如，孩子要说的是在幼儿园里被不喜欢的小朋友打扰了，如果父母不让孩子说，孩子就不知道如何去处理这件事情。所以，再忙也要给孩子3分钟时间，让孩子把话说完。尤其每次从幼儿园里把孩子接回家的时候，孩子一定藏了很多有趣的或不开心的经历在心里，如果孩子有意愿开口说，父母就要认真去听。

❸ 听孩子解释

孩子犯错或有不当行为时，父母在教育孩子之前，一定要给孩子一个为自己辩解的机会，让孩子先说。等孩子解释完后，父母再稳定情绪，酌情对孩子做出批评或引导，这样做可以提高孩子对处理结果的信服度，降低抵抗情绪。

尊重孩子的话语权，说简单些就是先耐心听孩子把话说完。这是父母对孩子的尊重，也是父母对孩子最大的馈赠。

如何站在孩子的角度思考

人与人之间增进情感的方式有很多，但唯有一种方式可以使情感不断升温，那就是同频。父母与孩子的情感同样需要同频。

场景回放

爸爸看到冬冬拿着网子站在凳子上乱挥，赶紧制止道：

你干吗呢？不知道这样危险吗？

我想要网个星星下来。

别网了，星星是网不下来的，赶紧回去睡觉了。

冬冬不信，想要再试试，结果被爸爸一把抱回屋子里。为此，冬冬郁闷了很久。

场景解析：

在孩子眼里，星星也许是糖果，而花朵也许是可以交流的精灵。但在父母眼里，星星就是一颗巨大的恒星，而花朵就是好看的植物。所以，父母和孩子之间永远有处理不完的矛盾和化解不开的误会。

因为站的维度不同，所以认知不同，而认知不同，人就很难去理解认知以外的新鲜事物。换句话说，父母如果能够把自己放在孩子的思维模式上，也许就能理解孩子为什么喜欢在墙上乱写乱画，为什么喜欢整日追着自己问“为什么”了。

然而，有太多父母习惯用自己的思维方式去思考孩子的行为，注重看到的结果，担心影响，忧虑后果。比如，当孩子接受了别人递过来的糖果，父母当时没有任何表示，等和孩子单独相处时，就开始教育孩子不应该随便接受别人递过来的食物，应该怎么做才是对的。却完全忽略了孩子黯淡下去的目光，和手里那颗不知该吃还是该扔掉的糖果。但是，如果父母知道孩子当时的想法是：父母就在我的身边，我很安全，所以我可以接受那颗糖果。也许就不会怨责孩子。

父母经常站在自己的视角去思考，便相当于让孩子的思维跟上成年人的思维，让一个自我意识还在萌芽期的孩子去适应成年人的步伐，这无疑是在拔苗助长，给孩子的精神造成压迫感。

给父母的建议：

在孩子的世界里，他们会把横画成斜线、会把脚下的石子当做宝石揣在衣兜里、也会把沙子当做食物盛进碗里……孩子的世界有一套独属于他们自己的思维模式，如果父母想与孩子一直保持亲密的亲子关系，就要试着站在孩子的角度像孩子一样思考，去遵守孩子的规范，和孩子达成共识。

❶ 放空几十年的经验

如果家里有个 3~6 岁的孩子，在和孩子相处的时候，父母就要先放空这几十年的经验和阅历，然后把自己摆在和孩子同等的位置去想一想："如果现在我就是一个不满6岁的孩子，我会怎样思考呢？"

比如，孩子把面粉撒满了整个屋子，爸爸妈妈收拾起来无疑非常麻烦。作为成年人，看到这样的画面一定很气愤，恨不得暴打孩子一顿。但是，如果你能降低自己的认知，让自己像3岁的孩子一样去思考，就会发现视角完全不一样了：妈妈平日里揉面粉真的好好玩，那些白色的沙子好漂亮，手抓上去凉凉的，还会飞起来，我可以把屋子变成白色的了，我自己也变成白白的。

2 站在朋友的角度去想孩子所想

去想孩子所想，去感受孩子的认知，就能发现，孩子的某些行为其实是在体验和探索，他在用自己的方式去成长，而父母不应该先冲孩子发火。父母完全可以作为孩子的朋友参与其中。当然，事后还是要告诉孩子为什么不可以这样做。

当父母将思维方式降到和孩子同样的思维高度，就能与孩子实现心灵上的互通，实现感同身受。父母与孩子共情，孩子就更愿意接纳父母，将父母当做很好的朋友。

3 通过回忆，感受儿时的感受和想法

你的身边就是有这样一个情绪多变、阴晴不定的小孩儿。如果你始终捉摸不透，不知该如何与孩子的多样情绪相处，不如闭上眼睛，好好想一想自己的童年，努力回想幼时的自己是怎样的，有没有出现过同样的情况。如果有，是因何而兴奋地大吼大叫，又因何愤怒得攥紧了拳头。也许，父母的记忆有些模糊不清，但总有一些画面能够触动自己，让自己重拾儿时的很多感受和想法。

放弃和孩子的权力之争

心理学家李中莹老师曾经说过：“每一个家庭中的孩子都会和父母进行一场战争，在这场战争中，如果孩子输了，那将是这个家庭最大的悲剧。”

场景回放

安安有点感冒，却非要去雪坑里玩，妈妈站在一旁训斥道：

我数到三，你再不出来，看我怎么收拾你。

然而，等到妈妈数完三后，小安安依然不肯动。妈妈生气地一把抓起安安，安安也爆发出惊人的愤怒，被吊在半空中拳打脚踢，大声嘶吼。

场景解析：

有时候，父母与孩子之间爆发的一些冲突，看上去是孩子任性不懂事。但事实上，有些抗拒是孩子与父母之间展开的权力之争，是孩子在向父母争夺自己。

孩子为什么要争夺自己呢？听上去感觉怪怪的。

孩子在 3 岁左右时，初尝自我意识带来的权力感，渐渐发现自己可以掌控一些事情，只要自己想或喜欢，就可以去做，那种自我满足的感觉会给孩子带来精神上的一种享受，而后让孩子逐渐想拥有更多的权利。但父母的权威，也可以说是控制欲，恰好会遏制孩子去施展权力。一个想去控制，一个想拥有更多自主权，权力之争便由此而来。

父母与孩子展开权力之争，对孩子而言究竟是好是坏呢？

举个例子：父母要给孩子讲故事，但孩子只想看会儿电视。然后父母把电视关上，强制孩子坐在自己身边听故事。看上去，孩子是在听故事，其实孩子已经关闭了听觉神经去抗议父母的专制。

“凭什么你要我干什么，我就得干什么？我就不听，看你能把我怎样。”孩子在争夺自主权的时候，基本是无声的。而父母对孩子的控制再怎么强硬，也不过是在自我感动式地消耗彼此的时间和精力。因为权力之争的核心是孩子，而孩子对自身有绝对的权力，父母却是被动的，所以表面上看父母占了上风，实则是将拳头打在棉花上，空有力气，却打不进棉花内部。

父母与孩子的权力之争，只会让孩子对权力产生偏见，认为谁强大就得听谁的。于是，孩子会一次又一次灵活地加大反抗的力度，不会去想自己的行为会有什么危险后果。父母与孩子争夺权力，无论近看远看，都没有绝对的胜者，反而两败俱伤。所以，父母要学会放弃与孩子间的权力之争，把权力还给孩子，让孩子是孩子，父母是父母，彼此独立，又相互牵绊。

给父母的建议：

有些父母疑惑：“怎么确定自己与孩子之间是否展开了权力之争呢？”

鲁道夫·德雷克斯曾写道：不论什么时候，当我们命令或者强迫孩子做事情，就会导致权力之争。

对此，有父母会说：“难道，从今往后就让孩子野蛮生长吗？那岂不是更糟。”

不命令孩子，不强迫孩子，说的只是父母的一种态度，而不是放弃对孩子的教育和引导。因为父母态度温和，对事不对人，就不会让孩子产生权利被剥夺的感觉。

❶ 给孩子提的建议里不要有个人利益

在案例回放中，如果妈妈语气平稳地对安安说："你正在生病，而且不能再受寒，否则就会变严重。即便这样你还要一直待在寒冷的雪地里吗？"若安安依然选择玩雪，妈妈可以用拥抱的方式将孩子抱离，尽管在这其间，孩子会发声抗议，妈妈只需告诉孩子："等你病好了就可以玩了。"等把孩子抱回屋里，就让孩子自己去消化剩下的情绪。

从表面看，安安的情绪波动确实是因为妈妈阻止他玩才造成的，但安安与妈妈之间并不属于权力之争。因为孩子并未感受到妈妈的气愤、专制，也并未看到妈妈从中获利，只是单纯地让他注意自己的健康。尽管孩子会抗拒，却不会上升到权力之争。

所以，父母不想和孩子发生权力之争，就要注意自己的语态，稳定自己的情绪，去掉会对自身所能产生的好处或满足，让孩子的焦点只关注在事件本身，以及孩子能获得的利益上。这样等孩子情绪平稳后，就能理解父母为何要阻止了。

❷ 放弃支配者的念头

父母要彻底打消自己在孩子面前是权力的支配者这个念头，重新审视作为父母的地位。要知道在生命面前，人人都是平等的，唯一不同的是父母多了几十年的经验和阅历，而父母要做的就是学会如何利用这些经验和阅历去引导和激励孩子。

不焦虑，孩子才有好脾气

对着山吼，山回应的就是一波又一波吼叫。同样，父母如果十分焦虑，孩子就会像山一样回应给父母相同的焦虑。

场景回放

试衣间外，妈妈见梦梦还没出来，就急道：

你还没穿好吗？能不能快点？

梦梦摔门而出，道：

你能不能别催了，烦死了。

你怎么跟妈妈说话呢？

之后妈妈带梦梦去餐厅吃饭，菜上的很慢，梦梦不耐烦地说：

菜怎么还没好啊？饿死了。

你着急什么啊？

你不也着急吗？就知道天天催我。

场景解析：

有的父母非常疑惑，为什么过去乖巧可爱的孩子，如今变得戾气很重，脾气很大，动不动就跟父母急眼，有时还暴躁如雷。

幼儿时期的孩子脾气秉性发生变化，通常与父母有着千丝万缕的关系，如果父母中有一人或两人都比较焦虑，就容易对孩子的脾性造成影响。因为焦虑，父母常感到烦躁不安，并在一些细节上表现出来，就如，夫妻之间经常动不动就当着孩子的面争执；因为怕耽误时间，就一直对孩子催催催；忧虑孩子的未来，就给孩子制定各种计划，又因为孩子不能按时完成，而对孩子发火……焦虑就像一张甩不开的网，网住自己的同时，也网住了孩子，而焦虑的情绪一再传输给孩子之后，孩子的情绪也会随之发生变化，变得阴晴不定，暴躁不安，没有一点耐心。

焦虑所引发的负面情绪是有一定传染性的，不会因为孩子单纯无知就绕道而行。相反，焦虑传递给孩子的速度非常快，对孩子的性格以及性情的侵蚀性也非常大。所以，父母如果想培养出平和的孩子，就不能把焦虑带入家庭中。

有些父母说："没人想焦虑，可生活中不如意的事太多，由不得自己不去焦虑。"

的确，从孩子出生的那一刻起，焦虑就开始在家庭中滋生并不断扩大，有作为新手父母的焦虑，有朋友圈贩卖的焦虑，有家中老人带来的焦虑，有工作上的焦虑，还有另外一半不理解带来的焦虑等等。

父母自己满身满心都是焦虑，动不动就发脾气，动不动就迁怒于孩子，动不动就把孩子拉过来暴揍一顿，那永远也别指望能培养出一个平和的孩子。

心理学上有一个词语叫"仿同"，意思是说孩子会把父母的个性、脾气不自觉地吸纳为己有，并表现出来。所以，如果父母情绪稳定，才有可能教出脾气温和的孩子。

给父母的建议：

如果这样想："既然大家都焦虑，都一样，那自己又有什么好焦虑的呢？"反正是众乐乐，只要能让自己心里舒服一些，焦虑感减轻一些，怎么舒服就怎么想。况且，在父母这个身份上，没有人能做到毫无焦虑，而适当的焦虑其实是健康的体现，因为焦虑本身就属于情绪的一部分。

❶ 顺应为人父母的天性，和孩子一起成长

精神分析学家唐纳德·温尼科特表示："照顾孩子是妈妈天生就会做的事情，你自然而然就知道该怎么做，而且做起来得心应手。最美妙的是你不需要多么聪明，甚至你不愿意多想的时候可以不去想它，顺应你的天性就好。"

父母大可不必忧虑管教不好孩子，因为对于管教孩子这件事，所有父母都是处于半懵懂半摸索状态，比起总担忧那些不确定的事情，不如耐心陪伴孩子，和孩子一起慢慢成长，就像龙应台在书中写的："我，坐在斜阳浅照的台阶上，望着这个眼睛清亮的小孩专心地做一件事。是的，我愿意等上一辈子的时间，让他从从容容地把这个蝴蝶结扎好，用他5岁的手指。孩子，慢慢来，慢慢来……"

❷ 放慢生活节奏，不比较，不较劲

放慢生活的节奏，放慢想要让孩子一跃成才的节奏，放慢自己的生活，给自己、给身边的人做一些减法。只要父母能够慢下来，孩子就一定能慢下来，因为孩子一直都是跟着父母的节拍去成长的。

哪怕是孩子成长得慢一点也没关系，不要总拿自己的孩子和别人家的孩子做比较，也不要和任何人暗中较劲，因为你的孩子独一无二，他

有属于自己的成长节奏，有独属于自己的特性和优势，是别人模仿不来的。其他孩子之所以优秀，也不过是被朋友圈放大后的结果。而没有比较，父母就更容易发现孩子身上的优点，也因为没有比较，父母的焦虑才会降低，对孩子的训斥和催促也会慢慢放下。

父母这个身份，是人生的另一个新起点，在起点之初，父母和孩子都是第一次面对不同的人生。所以，我们都需要成长，也都需要给自己一个适应的过程。而在这个过程中，最没有必要做的就是过度焦虑。

③ 换个角度看孩子的错误

我们常常被孩子犯的错给激怒。实际上，多数时候，孩子犯错并非是有意识的。在《正面管教》一书中这样描述孩子的错误：如果我们把孩子的不良行为看成是“因失望而产生的行为”“缺乏技能的行为”或“发展适宜性行为”，我们就可以重新认识不良行为。

简单说，就是孩子犯的并不是错误，而是因为缺乏知识、技能和意识表现出来的与年龄相称的行为。比如，孩子总喜欢把东西搞得乱糟糟，这是因为孩子的秩序感并不是大人眼中所谓的整洁，他们只是按自己的标准去摆放。

换个角度，孩子本来就是在不断犯错中成长起来的，犯错误是孩子的权利。父母若能换个角度认识孩子的错误，就不会那么生气了。

为什么不要给孩子乱贴标签

千百个孩子，千百种个性，总有不同，也总有人将其分为三六九等，然后横加干预。但是，教育思想家穆勒却说：“不管以什么名义，毁灭个性的做法就是专制。”

场景回放

箐箐每天去幼儿园都要求穿不一样的衣服，妈妈对此很伤脑筋，就总是对菁菁说：

你太臭美了。

可是，突然有一天，孩子选了一身脏衣服去幼儿园。妈妈几番追问下才知道，菁菁问朋友什么是臭美，朋友告诉她，狐狸精爱臭美，菁菁不想成为狐狸精，才穿了一身脏衣服。

场景解析：

小女生爱美是不分年龄的，幼儿时期的女孩子同样会有爱美之心，爱穿裙子，喜欢维持干净整洁的形象，鞋子脏了就赶紧擦一擦，这对孩子而言是好事。可有时，父母不经意间贴的一个标签，就能改变孩子的一些看法，让孩子开始讨厌自己的个性，间接地失去了自我。所以，父母不要动不动就给孩子贴标签，要学会去尊重孩子的个性。

孩子有个性，说明孩子有常人不及之处，这一点完全可以作为孩子的优势。比如，孩子特别好动，甚至一刻也不闲着，这说明孩子的思维很活跃，好奇心也很强，周围的环境有一点点的变化都能引起孩子的注意和观察。

如果父母就此给孩子贴上“冒失鬼”“多动症”的标签，孩子就会错误地认为自己的这些行为都是有问题的，是不正确的，这就容易让孩子形成矛盾心理，既控制不住自己，又在意标签带来的羞耻感。在不知道怎么办的情况下，大多数孩子会选择迎合别人，隐藏自己的个性。

因为不敢展示个性，暗示就会像带刺的藤蔓一样时刻束缚折磨着孩子的天性，直至孩子彻底失去个性，成为一个平庸之辈。所以，父母要尊重孩子的个性。尊重孩子个性就等于尊重孩子独立的人格，这样能让孩子知道自己更擅长什么，喜欢什么。同时也让他们知道，只要去做自己擅长和喜欢的事，就一定会得到父母的支持。因此，孩子会变得自律，变得独立，并专注于自己的想象力和创造力。

给父母的建议：

有位母亲说：“我的孩子虽然内向怕生，但在我心里他有他的想法和见解，他是个可以独立行走的个体，所以我不会把自己的想法强加给他。当然，还是会适度引导，但我不会强行压制孩子的性格。正因为这样，我们一直是很好的朋友。”

❶ 每个孩子的个性背后都有闪光点

父母常把目光停留在孩子个性所引发的一系列问题上，看到的是孩子性格背后的缺陷，结果就很容易给孩子贴上情绪标签。反之，如果父母去发现孩子个性背后隐藏的宝藏，对孩子的性格就会另眼相看。

❷ 慢性子的孩子会更优秀

孩子是个慢性子，但性子慢不代表孩子笨，更不能说明孩子不重视时间和效率，孩子只是慢热而已。倘若父母能够尊重孩子的慢，就会发现，孩子除了肢体与语言上慢，思考能力并不比别人差。如果父母能在保护孩子个性的同时，对孩子稍加引导："你虽然做什么都比别人慢半拍，但你观察东西时更注重细节，别人看不到的，你都能发现，所以你的观察能力很好。虽然你慢些，但你从未放弃过，所以你是个有耐心的好孩子。"

帮助孩子了解自己的慢，让孩子体会个性给自己带来的价值感，就会让孩子变得自信，并喜欢自己的个性，不会让其他不好的声音形成干扰，同时又能持续发展自己的个性，培养出更多优秀的品格，如做事专注，性格沉稳，遇事冷静不焦躁等等。

❸ 必要时刻，做孩子个性的守护者

这个社会对于某些个性的孩子总是充满敌意，当有人当着孩子的面说："你的孩子是不是有问题，要不要带着他去看一看医生。"父母就要有力度地回击道："我的孩子很正常，他很好动，这说明他很聪明，不拘一格。"父母的尊重，就是对孩子最大的安慰和鼓励。而孩子同样会为了父母，努力让自己变得更好。

无论你的孩子拥有怎样的个性，那都是独属于孩子的宝藏。父母要做的不是将宝藏埋没，而是帮孩子把宝藏挖掘出来，让孩子因为自己的个性去发光发热。

青蓝